全国小学生校园美文精品集萃丛书

七色阳光小少年

一路山花一路歌

《语文报》编写组 编

时代文艺出版社

图书在版编目（CIP）数据

一路山花一路歌／《语文报》编写组编．—长春：时代文艺出版社，2018.8（2023.6重印）
（"七色阳光小少年"全国小学生校园美文精品集萃丛书）

ISBN 978-7-5387-5851-1

Ⅰ．①— … Ⅱ．①语 … Ⅲ．①作文－小学－选集 Ⅳ．①H194.4

中国版本图书馆CIP数据核字（2018）第110023号

出 品 人　陈　琛
产品总监　郭力家
责任编辑　王　峰
助理编辑　史　航
装帧设计　孙　利
排版制作　隋淑凤

一路山花一路歌

《语文报》编写组 编

出版发行／时代文艺出版社
地址／长春市福祉大路5788号　龙腾国际大厦A座15层　邮编／130118
总编办／0431-81629751　发行部／0431-81629758
官方微博／weibo.com／tlapress
印刷／北京一鑫印务有限责任公司
开本／700mm×980mm　1／16　字数／153千字　印张／11
版次／2018年8月第1版　印次／2023年6月第5次印刷　定价／34.80元

编 委 会

主　　编：刘应伦

编　　委：刘应伦　赵　静　李音霞

　　　　　郭　斐　刘瑞霞　王素红

　　　　　金星闪　周　起　华晓隽

　　　　　何发祥　朱晓东　陈　颖

　　　　　段岩霞　刘学强

本册主编：郑　慧　王美凤

副 主 编：王彦才

目　录

小鸟看世界

001

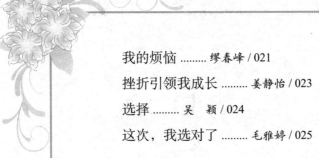

丑陋的石头要唱歌

牵一只蜗牛云散步

矮子也能伸手碰到天

秘密说给树听

小鸟看世界

　　我们看惯了熟悉的城市、建筑，千篇一律的重复，常常会让人不自觉地陷入生活也不过如此的无趣之中。朱利安·阿桑奇说："故事就在那里，关键是你所看到的是哪一个故事。"假如换个角度来看看这个世界，又会是怎样一番景象？

小鸟看世界

金慧琳

我是一只小鸟，在这阳光灿烂的春日里，我决定不再辜负这美丽的时光。今天我要做一个属于我自己的屋子。再三考虑下，我决定先去凤凰那里拜师学艺。

这里的鸟可真多啊！有燕子、百灵、布谷……它们都像我一样，要盖一个温暖舒适的家吗？

凤凰姐姐开始了她的教程，大家都听得很认真。可是渐渐地鸟越来越少，它们都飞走了。不行，我一定要学会，我暗暗下定决心。终于，我在凤凰姐姐的教导下，学会了怎样筑一个温暖舒适的家。

现在就剩下收集材料了。我到森林里去拾树枝，拾了好多，可还是不够。我就到大树爷爷那儿求助："大树爷爷，大树爷爷，您好，我是小鸟，我在凤凰姐姐那儿，学会了怎样做一个家，可我的材料不够，能麻烦您，给我点儿树枝吗？""原来是小鸟呀，你要树枝的话，就去我头上拿点儿吧。""嗯，谢谢，大树爷爷。"

材料都齐了，现在开始做一个属于我自己的家，我马上就有自己的家喽！我衔起树枝，按照凤凰姐姐教的，从这里插进去，把那里接起来……

家终于做好了，可总感受少了点儿什么。啊！我知道了，少了装饰。我到了茶花姐姐那里。"茶花姐姐，你愿意到我家里做装饰吗？""不行，我不能去。"然后，我问了很多花，她们都不愿意，我有点儿难过。就在这时，我听见了两个微小的声音："小鸟，你别难过，我们愿意去。"我循声看去，原来是野花妹妹和三叶草。"你们真愿意去吗？"我有点儿不相信。"真的。"他们异口同声地说道。那一刻，我觉得自己是世界上最幸福的小鸟。

我的家做好了，欢迎大家来玩哦！

游

周舒洋

我是只小鸟儿，所以我各处飞。

我要先飞向西部，我想要领略西部美丽的风采，独特的习俗，不再像东部一样，那么拥挤，那么严重的环境污染……

飞啊飞，我来到了漂亮的大草原。风，在耳边呼啸，绿茫茫的草地，在我的眼中一览无余。在这里我遇到了我的同伴，我们寒暄着，讨论着大草原的风光。湛蓝的蓝天原来是那么可爱，白云也忍不住悄悄地靠近了蓝天。同伴们也忍不住展现自己的雄姿，展开"臂膀"，尽情地遨游。

飞啊飞，我来到了处处都有冰的地方。我看见了一群小孩子，他们在冰块上玩耍，在冰块上划来划去，优美的姿态，宛如"白天鹅"柔软，而又坚韧，纯洁而又不可触碰。我也悄然地随着他们跳了起来，又是一阵风，打在了我的身上。孩子们也欢笑着散了。这时，一个可怜的小女孩儿拿着许多束鲜花，屹立在冰天雪地中。我想看看她，便飞到了她的身边。她欢笑着，给了我一束花，便走来了。

飞啊飞，我又来到了热情似火的沙漠。黄澄澄，金灿灿。在太阳的照射下，闪耀着，仿佛是一个个金子。这里很少人，连植物也没有很多。忽然，远处飘来了几阵清脆悦耳的铃铛声音。一队骆驼商队来了，他们头上冒着汗，全身上下都湿透了，时不时地抽打着骆驼。停下来，又走。停下来，又走。水源是宝贵的，他们将水分着喝。你喝一点儿，我喝一点儿……

最后，我来到了森林广大、植被茂密的海岛。空气是多么清新，多么甜美。人们在沙滩上狂奔，释放了天性，堆沙堡，打水仗……是这么热闹。

我回到家了，观赏完了这么多的景观，我也累了。我很快入睡了，而在梦中又是一片乐土，干净的，美丽的。

给自己放一天假

姜　欣

我是一只很丑的鸟。在我的家族里，几乎都以容貌来决定身份和地位。因此，我就成了"下人"。

我每天只能看看那些美丽的鸟飞来飞去，而自己却只能在鸟窝里打扫"排泄物"。

我从来都很听话，他们不让我出去就不出去了吧。但慢慢地，我厌倦了这样的生活，所以今天我要给自己放一天的假，哪怕只有一天。

我挥舞着自己的翅膀，笨重地飞呀飞呀，没有任何一只鸟注意到我。即使它们注意到了，也会无视，谁想和一只这么丑的鸟说话！

外面的一切对我而言都那么新鲜。

我在一条小溪前停了下来。看见里面的小鱼，我与它们打招呼："你们好啊！我……"还没等我说完，小鱼已经溜得无影无踪。

我在溪边愣了许久，然后又"起飞"。

我扇着翅膀，飞了好远，好远，终于在一片田园里停住，站在一个稻草人头上。

田园的主人走过来，看到我，大惊失色，连忙拿起扫把，奋力地朝我这边打来："天！哪里来的鸟，怎么会长得这么丑，他们都说丑鸟会带来霉运的，你快走，快走……"刚刚停住脚的我连忙起飞，只可惜我没有太多的力气了。不一会儿，我就无力地掉了下来，模模糊糊地，一张满是惊讶的小女孩儿的小脸从我眼前闪过。

在我清醒以后，睁开眼，发现我在一个陌生的地方。我动了动，似乎踩到了什么东西，仔细一看，原来是吃的东西。一块小蛋糕，上面还留有我的"鸟爪印"。我饿极了，张口就吞，一点儿也顾不得淑女形象。填饱了肚子，终于有力气飞了。我刚刚扇动翅膀没飞两步，便听到有一个小女孩儿在呼喊："小鸟，小鸟你别走啊！别走啊……"

我愣了一会儿，没想到，在这个世界上，居然还有不嫌弃我的人。谢谢你，小女孩儿！

005

让我为你唱首歌

吴旭升

今天的天气真好啊！阳光洒在我金黄的羽毛上，暖暖的，可真舒服。这么好的天气，最适合飞翔了，我要去看看外面的世界。

我张开翅膀，在蓝天上飞翔。湖水倒映着我美丽的身影，金黄色的羽毛，红色的小脚，好一只可爱的小鸟。

一路上，我遇到了许多朋友。"你好，小兔子，你在干什么？正在准备今天的早餐吗？""刺猬，收起你那满身的尖刺，要扎到我啦。"

告别了这些朋友，我来到一座房子前。这是一座破烂的小木屋，一个孩子正躺在床上，时不时地咳嗽几声。看来他发烧了。

这时，只见一位衣服上打着补丁的妇女急忙打来一盆水，背毛拧干，放在小男孩儿的额头上，嘴里呢喃道："可怜的孩子啊，妈妈没钱给你治病，你一定要挺过去。一切都会好起来的。"

我的心不禁难过了起来，多么可怜的孩子啊！

不行，我一定要为他做点儿什么，我在心里默默地想着。可是，我又能做些什么呢。对了，我努力地将那打有补丁的窗帘拉开，几缕温暖的阳光洒在小男孩儿的脸上。那张脸是那么苍白。不行，还不够，我飞到了那个小男孩儿的身体上，用我尖尖的嘴啄他的脚，小男

006

孩儿费力地睁开眼睛，看见我，笑了，伸出手来想要抓住我，可那手怎么也抬不起来。我飞到了床旁的一张小桌子上，站在那里为他唱歌。小男孩儿无力地动了动脑袋，苍白的脸上露出甜甜的笑。

"小男孩儿，你一定要好起来！"我心里想着，"明天，我还来为你唱歌……"

奶奶的爱

姜　倩

奶奶一个人守着孤寂的老房子。一个人的家总是秋天的落叶，或者飘满了冰冷的雪花，哪有温度？空荡荡的房子，回荡着电视发出的苍白无力的声音，还有无尽的叹息。

人说"光阴似箭"，可对奶奶来说，一个人的时间是多么难熬。钟上的指针好似也经历了时间的洗礼，失去了原来的活力。夜晚，指针行走着，"嘀——嗒，嘀——嗒……"断断续续。时间，仿佛凝滞了。

周末，是奶奶最开心的时候。家中的温度开始上升。因为我们要放学了。奶奶会准备一桌子菜"接待"回家的我们。离家几百米，我们一准就能看到奶奶笑眯眯地站在门口，用目光迎接我们。那一刻，原本眼神黯淡、一脸沧桑的奶奶，忽然焕发出了容光。

一个夏夜，伴着蝉鸣，我睡得很早，好像那聒噪的蝉声是催眠曲。迷迷糊糊中，我觉得有一只温暖而熟悉的手抓过被我踢在一旁的被子，盖在我的肚子上，又掖了两下被子，坐在了床边。

睡梦中，我看到了奶奶，不善言辞的她只会用最直接的方式告诉孩子对与错，以至于母子经常吵吵闹闹。而她只有在无人的夜里默默流泪。不被孩子理解的她哭得好伤心。可不管眼睛哭得多肿，天一亮，她都要马上穿上自己坚硬的盔甲。

睡梦中的我忽然醒了，看见奶奶静静地坐在床边，很是疑惑。"奶奶，怎么不睡？""人老啦，觉少喽。"我搂过她，让她和我一起睡。奶奶很瘦弱，又是那么高大。

走那天的早晨，奶奶总是早早地起床，为我们准备热气腾腾的早饭。"吃点吧，外面买的没家里做得好吃。"热气下是她笑盈盈的脸，我却生出一丝酸楚。

奶奶老了，她在行动中笨拙地表达着"爱"。

"嘀嗒，嘀嗒……"老屋里的钟还在沙哑地唱着时间的歌，一如奶奶的爱，不停息。

008

外　公

徐小莹

外公，是一个虽年过花甲却依然健朗的老人。

他有一头苍苍的白发，一脸被岁月留下的皱纹，佝偻的背。

那是一个平常得不能再平常的早晨。我还是跟往常一样窝在被窝中睡懒觉。妈妈的"河东狮吼"震伤了我的耳朵。受不了妈妈的魔音，我极不情愿地起床，穿好衣服，走出门。一出门，映入我眼帘的不是平时那空荡荡的水泥地，而是一地金灿灿的稻子。它们在朝阳的照射下仿佛是一个个黄色的小精灵，跳跃着一种清香。

"妈妈，这稻谷是谁的呀？不是我们的吧！"我问。"哦，这是你外公在赶集时认识的一个同乡人的。他今天刚好拉着一车昨天割好的稻子从我们这儿过，恰好让你外公瞧见了。外公就说稻子拉来拉去太麻烦了，就让他把稻子晒这儿了。"妈妈解释道。

哦，原来是这样。

一上午的时间在枯燥的作业中很快消失了。到了中午，原本早上还和蔼可亲的太阳公公变得凶巴巴的，全身都散发出一种令人望而生畏的光芒。

我无聊地趴在桌子上。那像要把人蒸熟了的热气却怎么也散不出去，一股烦躁从心底升起。

突然一种像木头摩擦着水泥地面的声音从外面传来。往常现在不是应该很安静的吗？大家都应该在午睡呀，会是谁在外面呢？这样想着，我决定出去瞧一瞧！

一出门，我就看到了正在翻稻谷的外公。他站在稻子上，顶着炎炎烈日，在翻稻谷。我仿佛看到了一滴滴汗正沿着外公的脸颊滑下，跌入稻谷中。

我问："外公，这又不是我们的稻谷，你干吗要帮他翻啊？况且天还这么热。""他可能因为天太热来不了，我替他翻一下，没事儿。"外公那明显带着喘息的声音在我耳畔响起。

这一刻我觉得，外公那佝偻的背仿佛一下子变挺拔了。

爱在其中

姜　妍

妈妈一向不爱我，这个我是知道的。

自从有了弟弟后，她对我的爱如同口袋里的钱一样，越来越少了。

但自从那次以后，我才发现……

"阿嚏！"这鬼天气，说来就来！也不打个招呼，看这身上穿的短T恤、短牛仔。天呀！冷死了！"阿……嚏……"

可不知为什么，我就是不肯打电话叫妈妈给我送衣服来，想着："冻死更好！这样她不就高兴了吗？反正她又不爱我！"

灰心丧气的我看见班上其他同学的家长都送来厚厚的棉被和暖和的衣服，心里可真不是个滋味啊！但世上也是有好人的！同桌拿出一件外套递给我，"喏，穿上！"太感动了！在感动之余又在埋怨着妈妈："就真的忍心冻死我啊！你再不喜欢我，那我也是你怀胎十月生下来的呀！"怨恨之时，有人拍了一下我的肩膀，当我转头去，发现原来是班主任。她告诉我，妈妈在门口等我，叫我过去。我一头雾水：妈妈到学校来找我干什么？有什么重要的事情呀？

容不得我细想，我便跑到门卫那里。远远地望见妈妈拿着雨伞，抱着弟弟在门口等我。我的心随之一震，赶忙跑过去。妈妈看见我，表情很开心，但马上又很心疼的样子。我跑到妈妈跟前，妈妈把一包衣服递给我，心疼地说："你哟，冻死你算了！穿这么点儿衣服！小心着凉！"我惊讶地问："妈妈，你怎么把弟弟也抱来了？"妈妈无可奈何地回答："哦！你弟弟一直哭，只能这样了。"妈妈看了看我说："那我走了，你去上课吧！多穿点儿！""哦。"我轻轻地回答了一句。妈妈拿起雨伞，一步步走了。

我一直误会妈妈了，原来她是爱我的……

原来我身边一直有爱！很香……很甜……

那"咯吱"声让我陶醉

周　辉

"咯吱吱，咯吱吱……"

父亲载着我行驶在长长的田埂上。自行车不时发出"咯吱，咯吱……"声。我坐在自行车后座上，感受着迎面吹来的暖风。

这是一辆有故事的自行车。那年父亲和母亲结婚，外公便把这辆自行车送给了父亲。它跟着年轻时的外公走南闯北，所以外公很珍视它。但是这辆车到了父亲手里已经破旧不堪。脚踏上去总是发出"咯吱，咯吱"的声音。父亲小心地给自行车重新刷过漆，送去修理过，但那"咯吱咯吱"的声音却怎么也不能除去。

后来，父亲便每天骑着这辆车到校门口来接我。风里来，雨里去，那"咯吱"声成了我生活中不可缺失的一部分。

今年春天，父亲又把它从储藏室里拽出来。车把手上布满了蜘蛛网，轻轻一抖，自行车的铁皮就掉落一地，接着便能嗅到一股古老的金属味。我心血来潮，要父亲载着我去一趟地里。父亲没说什么，答应了。

经过一番敲敲打打，自行车总算是勉强可以骑了。我跳上后座，搂住父亲的腰。"咯吱，咯吱……"自行车又唱起了专属于它的歌。耳边传来小鸟的欢叫声，脸上又感觉到了暖暖的风，往日的一幕幕又在我脑海里显现出来。我陶醉在这"咯吱咯吱"的声音里。

车子突然一颠，我猛然睁开眼，看见父亲正弓着背，奋力地踏着脚踏板。望着父亲苍老的背，我的心猛地被触动了——父亲老了吗？

"咯——吱，咯——吱……"我奋力地踏着自行车，父亲微笑着，弓着背，坐在我后面。"爸爸，您踩不动了，没关系，以后就让我来吧。"

"咯吱，咯吱……"我陶醉在这美妙的声音之中……

我愿做一盏星灯

姜彦君

夜空，因为有了星星的点缀就不再那么黑暗，变得令人神往。

在星星点灯的夜空下，我仰望星空，想着：假如我是天空中的一颗星星，我的闪烁会让人羡慕吗？

夜幕降临，我会悄无声息地出现，睁开调皮的眼睛闪烁着。哇！

我的下面是一座城市，霓虹灯把城市照得通亮，熙熙攘攘的人群向前微微挪动。不知其中有多少人在看我们，投来羡慕的眼光。我的前面是一座安静的小村庄，小村庄不像大城市一样明亮，只是在黑暗中安静地卧在山坡上。我的后面是汪洋大海，可能是起浪了吧，海水奔涌着向前拍打岩岸，在我看来就像一块有褶皱的蓝布片。

我穿梭在其他群星之中，空气的流动使我的光芒更耀眼，群星都在为眼前的美景喝彩。

穿梭了很久，终于把目标锁定在了天文望远镜上，似乎有模糊的人影在晃动。我知道这玩意儿是来观察我们的，听到其他星星八卦道："在这东西里面，我们很梦幻，发出的点点亮光让人惊叹。这些人中有人曾许愿成为星星，他们羡慕我们啊！"我被他们说得心里美滋滋的，可能这就是与生俱来的优越吧。

既然我这么受欢迎，何不尝试散发自己的光芒，受万人瞩目呢？我迈着轻盈的舞步到处飘荡，所到之处都给人们带来欢乐，成为人们心中的吉祥物。

我玩得正入迷，忽然听到其他星星喊："天亮了！"天亮了，我知道星星是不可能与太阳并存的，我快马加鞭回到家中，"哎呀！"在途中我摔了一跤，一下子把我拉回到了现实。

遐想中，我观赏到了乡村、城市、海岸、高山、大海，这些都是我想看到的美景，虽然是我的遐想，但这就是我的梦想。有人说过，"有梦想的人，会闪烁光芒"。我有梦想，就是做一颗在无垠星空中闪烁的星星！

星空下的遐想

周一心

又是个失眠的夜晚。

我走在老街上。夜风"吱吱"地摇晃着未关紧的窗户，呼呼的鼾声从里边传出，沉睡在路上的落叶似乎做着蝴蝶的梦，翩翩起舞。

我坐在拐角处，静静地看着星星。

夜空似乎也怕蚊虫的叮咬，给自己披上了一层薄薄的轻纱。星星便很不情愿地被关在里面。但也有一些调皮的"反抗分子"偷偷溜了出来，逃进人们的视野里。

我静静地看着，消磨着时光。

突然，一道光缓缓地从天际飞来，拖着长长的尾巴，发出赤色的光芒，打破了这寂静的夜空，冲向自己的归宿。不知过了多久，我才反应过来：这原来是颗流星。我没来得及对它许愿，却勾起了我无限的遐想。

我们的生命就好似一颗星星，有人散发着淡淡的光芒而得以长久地存活，有人牺牲自己的生命绽放出天边最耀眼的光辉。如果要我来选择生命的方式，我愿选择后者。生命只有一次，所以更需要燃烧。

有一首歌这样唱道："奋斗，奋斗，为了追求而奋斗，为了目标而奋斗……"

有一首诗这样写道："振奋，你应当振奋精神，不要自甘沉沦……"

有一首词这样说道："鬓微霜，又何妨，持节云中，何日遣冯唐……"

"当——当——当——"远处传来的钟声将我从遐想的海洋中捞起。

一阵冷风吹过，我不禁打了个寒战。时间不早了，该回去了。我想，今夜，我可以安睡了。

别了，星星们！晚安。

夜空中最亮的星

姜慧琳

夜，悄无声息地降临了。

抬头望着天空，世界陡然间变得好大好大，叫人误以为是整个宇宙。满天星斗闪烁着光芒，像无数银珠镶嵌在深蓝色的夜幕上。

恍然间，我的身体变得有些飘飘然，地上的花、草、虫儿离我越来越远。转眼间，周围都是闪亮又颇具灵性的星星，他们众星拱月般地围绕着我。此刻，我也成了夜空中的一颗星！

在一个寂静的森林里，我听到了令人怜惜的抽噎——一个小孩子蹲在一棵树下，用自己稚嫩的小手抹着眼泪。他迷路了。我立马移动到他头上方，尽最大努力释放我的亮光。小男孩儿惊讶地停止了抽泣，抬头望着我。我清晰地看见，他眼里充满了喜悦和感动，之前的惊恐、迷惘烟消云散。

夜深了，城里的汽车声却依旧喧闹得很。一幢幢高楼大厦在夜幕下俨然是一个个冷漠的士兵。在城市边角的一幢旧公寓内，一盏灯始终亮着，迟迟不肯熄灭。里面住着一个年轻的小伙子。他有一张英俊的脸，但那紧锁的眉头和迷茫的眼睛已将他的憔悴展露无遗。是什么令他如此烦忧？我不自觉地靠近，绽放出我的光芒。他先是惊讶地转头，看见我，他终于松开了那紧锁的眉头。那一瞬，我们仿佛相视而笑。他跟我聊起了他的心事。那些为了生活而奔波在外的人们，在寂黑的夜晚，一个人的孤独才更加令人害怕，无法入眠。黑夜，永远是他们最脆弱的时刻。

啊，我找到了自己存在的意义！每当有人迷失在黑夜里，每当有人心里的孤独和叹息泛起，我将和他们同行，用属于我的方式照亮他们前行的路，一起迎接太阳的升起，哪怕只是微弱的光亮。

当我意识到这点，我又回到了地面，但我的思绪没有断！

我渴望自己拥有一颗透明的心，足以听清那夜里仰望星空的人心里的孤独，做那颗夜空中最亮的星，把温暖传递！

老　街

程明阳

清晨，天微亮，街道上的雾还未散尽。

刚睁开睡眼，一阵面条的香味便穿过庭院钻到了鼻中。我像只猫一样，循着味儿，走过了两处拐角，来到了巷尾。原来是一位老大爷正在卖热汤面。香气催逼着我的口水。我扭头跑回家中，吵着父母给几角钱，好去买一碗热腾腾的汤面，顺便买几颗弹珠玩玩。

到了上午，雾就散尽了。巷尾被围得水泄不通，老大爷的小面摊上已没有一个空座。大爷娴熟地做着面。一个乖巧的小女孩儿则将做好的面小心翼翼地送到一位客人面前。客人微笑着接过，并摸了摸小女孩儿的头，说："娜妮鬼，乖的嘞！吃你爷爷一碗热汤面啊，别提多暖和了。"小女孩儿也露出了得意的笑容，"那是，我爷爷做的面，天下第一面嘞！"

中午时分。阳光洒满了树梢，老街上的人们坐在街道两边，隔着一条路问着好。有时候，也会有老人横穿街道串门，常见小孩儿们随其左右。不知道是老人领着孩子，还是孩子扶着老人。那时候没有什么来来往往的车，也就是夕阳西下，偶有几辆牛车拉着草，慢悠悠地踱过。

呀！这老街的天，也是变得够快啊。突然就下起了雨，哗啦啦的，街上青石板的凹凸成了水洼。雨打落了柿子树的树叶，吹弯了小草的腰，还摧残着嫩嫩的花苞。忽然对雨有点儿愤愤的，看我不和小伙伴用弹珠打瞎你的眼睛。这讨厌的雨，害得大爷不能再卖面了。

你说这雨也是够委屈的啊！刚骂完它，它就像个犯错的小孩儿似的躲了起来，只剩下屋檐上的水滴在滴滴答答地流淌进小水洼。又过了一会儿，天竟变成了紫色。小伙伴兴奋地指着天："看啊！快看！天会变脸哎！还是五颜六色的！好神奇哦！"更神奇的还在后头呢！天又像变戏法般的，又转到了玫瑰般的绯红色，像婚纱似的。难道要和这老街结婚吗？

没过多久，父母便带着我离家远行，外出打工了。谁承想，我手握那张模糊不清的车票离开，这一走便是六年。再归来，唉，哪里还

老 房 子

周凯丽

小时候，我住在老房子里。一所很旧，但也蛮大的房子。

我与爷爷奶奶住在一起，还有一个在学校住宿、周末才能回家的姐姐。那是我最无忧无虑的日子。虽然常年见不着爸爸妈妈，虽然没有别人家那样的三层新房，但我们家的老房子，也不赖。

不说冬暖夏凉的惯用套路，单是前院大、后院美的特点便足以让我怀念。

夏夜里，晚饭过后，我与姐姐总会各拿条小板凳，坐在前院看星星、聊趣事。在客厅收拾碗筷的奶奶时不时还能听到我们肆无忌惮的笑声。过一会儿，爷爷奶奶忙完了活，也拿把竹椅，带上蒲扇坐在我们旁边。这时候爷爷通常在泡脚。而老房子像守护神一般屹立在我们身后。客厅的老式吊灯把我们的身影映在留有青苔绿的水泥地上。它和老房子应该一样古老吧?

后来，老房子被扒了一半，腾出场地用来盖新房子。我忘了当时是什么心情，也许还有点儿高兴，爸爸在二楼客厅挂了个牌匾。一个"家"字，极为惹眼，上面写着"家是温馨"的字眼之类的。嗯，那时候觉得这里总算有了个家的模样，但事实并不是这样。偌大的房子只住着我、弟弟还有妈妈。上了高中的姐姐回家的时间越来越少。而爷爷奶奶还住在只剩一半的老房子，与我们，隔着一道墙。

不禁觉得，还是以前一家人坐在老房子前看星空的日子好。不禁觉得，老房子少了的，不只是一半的空间。

门口那条老街

程　阳

老家门前有一条老街。

山里的清晨，常常弥漫着烟雾。在记忆里，老街总笼罩在一片雾霭中。

待云雾散去，老街斑驳的石阶就露出了它沧桑的容颜。顺着老街的青石板漫步，两边并排稳稳地立着白杨。远处的山坡上屹立着松柏，像磐石一样，远远地守望着老街。

有一条小溪穿街而过。到了中午，阳光明媚，照到溪底，透过水里鱼儿身上银白色的鳞片折射，像有一块宝石在水底发光。小溪倒映着天上游动的白云。

山里的天变得快。前一秒还是晴朗的天，瞬时便可能下起雨。雨点儿落在溪面上，激起涟漪。雨点敲打着窗户，噼里啪啦。雨点砸在青石板上，汇成了大大小小无数的水洼。

老街巷弄里的人们常常早出晚归。老人们也不闲着，扛着扁担走过老街，一路去到田野，除草、种菜、浇水，每天都如此，日子似乎有些单调，但他们却安之若素。

春节时的老街是最热闹的。虽是大雪纷飞，老街的街头巷尾都盖上了一层雪白的毛绒服，空气中也有一丝寒意，可人们的热情却似火一般温暖了整条老街。女人们早早地做好了年夜饭，孩子们则穿上了新衣。虽说不是什么上等的面料，但穿在身上有一种踏实的厚重感。男人们呢，忙着贴对联、放鞭炮。老街，到处是一派红红火火的景象，人们的热情一直燃烧了整个通宵。

夜深了，月亮悄悄地爬上了天空。风儿在哼歌，竹子在跳舞。我趴在窗口看月亮。母亲说，不能用手指月亮，不然耳朵要被割掉。那时的我呆呆地望着月亮，在想，难道月亮是把杀猪刀吗？那我岂不是成了小猪？

多少年过去了，月光依旧柔和。老街呢？是否又添了几道皱纹？

老照片里的故事

严丽君

周日早上，我整理书桌上那杂乱无章的书本。忽然在一个角落里发现了那本《唐诗三百首》，原以为早丢了，没想到失而复得。我欣喜若狂，赶忙翻开看看。还没等我细细读诗，一张滑落的照片便吸引了我的注意力。

这是一张有些泛黄的照片。照片是2008年夏天在西湖旁拍摄的。父母带着我和姐姐去杭州玩。姐姐那时已经是初中生了，有许多作业要做。虽然忙，但为了我依旧去了杭州。

在离开杭州的前一天，我们去了杭州最著名的一个景点——西湖。西湖的美景感染了一向活泼的姐姐，使她也开始变得斯斯文文起来，时不时朗诵起"欲把西湖比西子，淡妆浓抹总相宜""毕竟西湖六月中，风光不与四时同"这些流传千古的诗句。父母见到我们这么开心，也笑了，和我们一起拍了一张照片。照片中的我笑得很开心，一切显得那般温馨、和谐。

看着照片，我的眼眶不由得湿润了，毕竟这是最完整的"全家福"啊！自那以后，我们一家四口很少聚在一起。有时连过年，我也见不到姐姐。因为现在她在杭州西湖边工作，没有假期，自然也就见不到她了。

我轻轻地拭去眼角晶莹的泪珠，将手中的照片小心翼翼地放入相框，高挂在窗帘边，抬头便能看见。望着照片里笑意盈盈的我们，我又笑了……

021

我 的 烦 恼

缪春峰

"作业做好了吗？我给你买的那些辅导书做好了吗？还有时间玩手机、看电视？"

我总是不耐烦地说："快了，快了。先休息一下，放松放松不行吗？"

"休息，休息！你就知道这些，你看别人家的孩子，人家天天在做作业、看书，偶尔累了才放松一下。哪像你一样，一放下作业就捧起手机在那里玩！"

每当我听到这些话，心里就会涌出一股忧郁感，明明作业这么多，在学校学习都那么累了，压力这么大，难道放松一下都不行吗？

那天我刚从学校回来，实在太累了，便拿起手机听起了歌，听着听着就睡着了。"作业做好了吗？书看了吗？还有心思睡觉！快起来做作业。"听着这熟悉的声音我不得不起来做作业。"这个星期实在太累了，我休息一下不行吗？"我无奈地说道。"累累累，一天到晚就知道叫累，你看别人，还不是和你一样，人家都没叫累。"我终于忍不住内心的火焰，喷发了出来，高声叫道："人家，人家，你就知道人家，只知道把我和别人比。我在你的眼里只不过是一个永远不如人家的小屁孩儿。"我气冲冲地跑了出去，"砰"的一声把门重重地合上了。

世界终于安静了。我独自走在这空荡荡的小路上。不知不觉间竟走回了家门口，我推开门，悄悄走了进去。我回到房间，拿起毛巾擦了擦。偶然间看到桌上有一张纸条：爸爸知道你学习很辛苦，但是不管多苦多累，你也一定要扛住，别人能做到的，爸爸相信你也能够做到。读到这里我已经是泪流满面了。

此时，所有的烦恼都化为乌有。是啊，学习是苦，但我也一定要扛住。

每个人都有烦恼，烦恼既是一种压力，更是一种动力。

挫折引领我成长

姜静怡

今天，我心血来潮，想学骑自行车，请了妈妈当我的教练。

妈妈示范骑了一次，我心想："真的好简单，小菜一碟啦！"于是我迫不及待地骑上去。妈妈在后面扶着车，我小心翼翼地骑着。突然，感觉车子很不稳，"倒了！倒了！"我惊慌失措。原来妈妈松开了手。还好妈妈眼疾手快，立马扶住了车子，真是有惊无险！

妈妈说："你先坐正，放轻松。"我端正地坐在车上，不停地做深呼吸，告诉自己不要害怕。我踩上踏板，用力向前冲，车子开始倾斜，开始扭动，一直往路边移。"啊！要掉下去了！妈妈，救命！""啪！啪啪！"我和车子一起翻进了路边的泥田里，我的手上沾满了泥土和野草，皮划破了，衣服也脏了，鲜红的血从皮肉中挤了出来。眼泪，一滴一滴地从我眼眶中落下。我哭喊道："不学了，太痛了！再也不学了！"

妈妈走到我的身边，用手拍拍我手上的泥土和草，抹去我脸上的泪珠，温柔地望着我："宝贝，快起来！从哪儿跌倒，就从哪儿爬起来。这么一点儿小挫折都克服不了，你以后怎么去面对更大的挫折呢？你看啊，车子要往哪边倒，你就把车头往哪儿转，试试看。"

我爬起来，按照妈妈的方式尝试了一下。嘿！我能骑的路程更长了，真的有用！我又信心满满地反复尝试，最后，终于学会了！

　　经过这次学车事件，我成长了不少。挫折引领我们成长！

选　择

吴　颖

选择，最是让人烦恼。

　　六岁那年，我和爸爸妈妈去酒店吃饭。豪华的餐厅中挂着一串又一串的果子，一片一片的绿叶萦绕在头顶。

　　我们找位置坐下，漂亮的服务员姐姐走了过来，手上拿着娃娃和本子，她摇了摇手上的东西，笑道："小朋友，我这里有本子和娃娃，你想要什么啊？"面对这个有着甜美笑容的大姐姐，我转头看向父母，妈妈的手指着本子，而一向对我宽容的爸爸则看向了那个包装精美的娃娃。此时，妈妈的声音响了起来："你要是想得到好成绩，就把本子拿来。"而爸爸，则摸摸我的头，说："小孩子，哪有不爱玩的，拿自己真正想要的吧。"

　　我的手伸向娃娃，还没碰到，又缩了回来，妈妈一向对我严格，可手又不由自主地朝那个娃娃伸去。还没碰到，大姐姐直接把娃娃塞到我的怀里，对我笑了笑，转身离去。

　　吃饭时，面对妈妈略带愠色的面容，我始终食不知味。

　　如今，再次去到那个餐厅，依旧有漂亮的大姐姐以及——出现在我生命中的那一道选择题：本子和娃娃。这次，我毫不犹豫地拿了娃娃，遵从自己的内心才是最重要的。

我多想听到一声："孩子，你选对了啊！"

这次，我选对了

毛雅婷

暑假快结束了，对我来说，这无疑是世界末日到了。

可怜见的，我作业还没做好！我知道我的前途"无亮"，等待我的是妈妈的"无敌狮吼"与板栗雨，就看我头皮有多厚吧，唉。

果不其然，妈妈开始盘查，问我作业写完没。我不假思索地，脸不红心不跳地说："写完了。"咦！奇怪！今天妈妈竟然没有亲自检查！老天保佑啊！

晚上，我躺在床上，透过窗户，看着漫天的繁星。望着纯净夜空，我突然想到自己生命中的污点，比如说这次的撒谎，我是不是应该去和妈妈坦白呢？我迷茫了。

"快去和你妈妈坦白，你就是个好孩子。"

"别去，去了你妈妈会骂你的，千万不要去！"

两个声音在我的脑海里打架。

我觉得，这一定是世上最难的选择题。忽然，外面的一颗星星眨呀眨的，像眼睛一样熠熠生辉，我的心里便有了决定。

第二天一大早，我便打电话给妈妈，告诉她真相。很意外，妈妈竟然没有大发雷霆，而只是叮嘱我一定要补好作业。那一刻，我的心里既感动又愧疚，我告诉自己一定不能让妈妈失望。于是夜以继日，加班加点，在开学前将作业全部完成了。

也许，我的人生不是完美的。但是，我的人生一定不能有污点，不能撒谎，不能自欺欺人。我要像天上纯净的星星一样，发出耀眼的光芒。

真幸运啊！这次，我选对了。

一路风景一路歌

　　我背着小书包，小手不断地卷着书包带子，独自远远地站在班级后门，带着惶恐与不安，看着别的小朋友牵着爸爸妈妈的手走进教室，看着站在班级前门的您，顿时一股莫名的压迫感扑面而来。

　　……

文 慧 姐

毛慧影

"文慧姐，你好了没有啊？"

"你再看下电视，马上就好了……"

真的，对于文慧姐的学习成绩，我相当地敬佩，但是她一学习就把我给忘了，真是让人讨厌。而我呢，从不管她学不学习，只要是她把我冷落了，让我不高兴了，我就赌气地向家的方向走。心里还默念：我再也不找你玩了……

而我偏偏是个话说出口就忘的人。

第二天一大早，文慧姐就跑到我家找我，我跟着她到了一座山下。我也不知道是哪座山，只知道我们爬了很久，一直爬，走走停停，一会儿在树丛间摘野果，一会儿编手环……就这样我迷迷糊糊就到了山顶。山顶有一块大石头，很奇怪的是石头正中有一个洗脚盆大小的坑，坑里还有个脚印。我觉得好玩便把鞋脱了，在坑里洗了洗。洗好后，里面的水也被洒得快没了。我和文慧姐在那儿边上烤红薯。我们吃完红薯准备去洗手，让我惊奇是，原来已被洒得快没的水，又和来时一样了。太奇怪了！于是，文慧姐告诉了我一个美丽的传说。

相传，很久以前，一位仙女触犯了天条被打下凡间，落在了这儿，和一个凡人成为夫妻。可婆婆经常刁难她，婆婆让她做饭却不给她盐，让她去对面砍柴却把桥拆了。可是她每次都完成得很好。据说，这山顶上的坑，便是当时仙女洗脚留下的。

我沉浸在这个故事中，竟然不知天下起了雨，而文慧姐则拉着我往山下走。她长得高，所以可以说用整个身子替我挡雨，就这样我又迷迷糊糊地下了山，回到了家……当我回到家时，文慧姐已被淋湿了，但我却没什么事。文慧姐却在回家路上着了凉，一连几天，没见到她。

我一直对文慧姐感激不尽。一次在我家玩时，这种感激却又被冲散了。那天，文慧姐在我家玩，竟把我最爱的俄罗斯陶瓷套娃的最外层给摔坏了，最外层的那个大娃娃的脸变成了好几瓣。我当即哇哇大哭。这之后，我便好长时间没找她玩。

后来她给我带来了一本书——《格林童话》，但那时我才六岁，对书没兴趣，就扔在了一旁。后来，妈妈收拾东西，在床底翻出了那本书，我随意地翻了翻，里面的故事深深吸引了我。我讨厌恶心的大灰狼，喜欢可爱的小红帽，讨厌恶毒狠心的皇后，喜欢善良美丽的白雪公主……还有好多故事。后来我又让我妈给我买了好多童话书，如《安徒生童话》《豪夫童话》，还有《小熊维尼》等，我沉浸在童话的世界里……

现在这些书已经被我妈全给了我的小表弟，已经被他弄得不成样子了……

从小学起就不住在老家的我，对文慧姐的事情所知甚少，只记得在四年级过年回去时，她告诉我她在衢州二中读高三。

其他的事，在时光中渐行渐远，只有这些事，记忆犹新。

外婆的教诲，我懂

吴露瑶

在我的童年生活中，令我印象最深刻的要数外婆了。

"摇啊摇，摇啊摇，摇到外婆桥……"小时候，我就是伴着这首歌谣长大的。我从小和外婆生活在一起。外婆是个"文盲"，没念过什么书，但却有一套自己的教孩子的经验。

外公去世得早，妈妈是独生女，又和爸爸外出打工去了。因此一家的担子就都落在外婆身上。家里有几亩田，外婆就拿它种了些蔬菜。那时，每隔几天，外婆都会来给土地松松土。她说这样蔬菜能长得快一些。每当天气晴好时，外婆就会扛着锄头等工具到田里。在阳光的照射下，外婆开始"工作"了。

只见她拿起锄头挥了挥，就开始铲土。一、二、三，外婆一下接着一下，不曾间断。她那瘦小的身躯上偌大的汗珠越积越多，最后竟像雨滴般滴落下来，落在锄头上、手上、土地里。尽管如此，她却丝毫没有要停下来的意思，依然在埋头苦干。

铲完土之后，她要给菜浇水了。浇水时，她总会俯下身去，扒开一株株菜去浇它们的根，边浇边自言自语道："菜苗啊，小菜苗，你一定要快快长大，好给我家宝贝换钱买糖吃！"——那时的我特别爱吃糖。

但是不管她白天工作得有多累，每晚都会按时到我的房间里来给我讲故事，哄我入睡。虽然她没上过学，但是她讲的故事是那么有趣、那么生动啊。我每次只要一听到外婆讲的故事就能很快入睡，竟然从未听完一个完整的故事。

每逢外婆有空的时候，她都会拉着我的手去田野里走走，像朋友一般无话不谈。漫山遍野的绿色成了最美的背景。

但外婆偶尔也是严肃的。记得那时每到暑假，我都会和外婆一起去父母工作的地方"度假"。往年都是外婆亲自带我去买火车票的。可那次，外婆却绷起了她那张笑眯眯的脸："瑶，你今年得自己去买票，你也该锻炼锻炼了。"

"什么？别嘛，外婆，你就带我去吧，就最后一次，往后我都自己去。"我请求着。

外婆听了这话，心好像要软了，可就那么一瞬间，又变得严肃了："你必须自己去，没得商量！"说完，便头也不回地走了。

我注意到她的脚步放慢了些，甚至还有想回来的意思。可是那又怎么样呢？我终究没有让外婆重新考虑这次的"远程"。这是我第一次独立买票。

如今，外婆已去世一年有余了，我是多么想念我的外婆啊。

此刻，我只想对她说："外婆，你的关爱和教诲，我懂……"

袁 师 傅

姜雨菲

袁师傅是我们的宿管老师。他身穿棕褐色夹克衫，腿上穿着大筒裤。腿有可能是壮年时受了伤，走路一拐一拐的。他是一个老人，可是说他健壮也不健壮，说他老嘛，也不老。虽然说他脸上全是慈祥的皱纹，可是脾气其实大着呢！

去年，爸妈去打工了，我只能选择住校了。也许是因为刚开学，大家还不大适应，整个宿舍的同学都起得老早。洗漱后，吵闹声弄得整座楼好像要炸了。突然，一个人照着手电筒上来了，还大声地用方言嚷嚷："站这边，不准回去！"还好我跑得快，不然早就被抓去了。骂声、批评声在我们的心里回荡。我们想：没必要吧，起得早些而已。当时的我们都不太懂事。

有一次，我吃坏了肚子，电话卡失效，只能借宿舍门卫的固定电话打。我慌慌张张地跑进宿舍值班室想打电话，也许是我的表述不够清，他又大声地用方言冲我嚷嚷："你干吗！"我窘迫地说："打电话。"他又说："不说清楚的啊！"然后我打给了爷爷。在通话中他听到了我肚子疼的事情，等我挂下电话，他没有了斥责的表情，反倒问我："现在好些没，家住得远不远，爷爷什么时候才到？"整个人像变了一个样。

秋风呼啸，树叶飘零。我和寝室同学在熄灯后发生了误会，我很伤心。我想一个人静静，就站在了走廊里。风呼呼地吹着，我的腿也在瑟瑟发抖，可我不想回去……

这时，一把手电筒的照射，让我看到了一个身影。他身穿棕褐色夹克衫，腿上穿着人筒裤，走路一拐一拐的。他上来干什么？会批评我吗？怎么办？怎么办？

他还是看到了我，他咳嗽了一下，然后又用方言说："你为什么站在这里呀？"我不说话。他又问道。我还是沉默。于是他又说道："那好吧！进去睡觉吧，天这么冷，别冻着。要是冻坏了，爸妈就要着急啦。"

想到在远方打工的父母，我一阵后悔，于是马上回寝室了。

那天的袁师傅与平日的那个人不是一个吧！这真的是他吗？慈祥中带着命令，言语中带着关怀，没有严厉，没有骂声。

袁师傅，我想说你太凶了，但其实你都是为了我们好。

邻人小黄

吴慧敏

小黄奶奶，住在我家对面。小黄是村里人称呼她的一种方式，她姓黄，但不叫小黄，村里人叫她小黄，也略带亲切感。她也不老，只是因为她的辈分比我高，所以便叫她奶奶。

小黄奶奶来自贵州，人长得矮小而且脸色发黄。她与我家对面那户人家的儿子相识后便结了婚。婚后，她便住在了这里。二十几年了，只回过一趟家乡。

对于她，我总怀着敬意，她有伟大的神力，散发出一种金子般的精神。

对面那家人家境贫寒，小黄奶奶来这儿以后也跟着吃了很多苦。不仅如此，婆婆对她的态度十分冷酷，从不视她为儿媳，经常骂她，还怪她生了这么多只会吃饭的女孩儿，没有本事。但这些小黄奶奶都咽下了，一点儿没有反抗她的婆婆，每逢过年，也照常大鱼大肉地往婆婆家送。她没有住在婆婆家，住在了村子另一边，也就是我家对面。至于她为何没有住在婆婆家，我至今不解。村里人传是她的大伯们怕她和他们抢"老妈子"的遗产。我只记得当时她住的房子（在我家对面）十分破旧，只剩木板做的墙壁了，天花板也只是几十块板拼接在一起。这一个简陋的屋子里面放了她全部的生活用具：一铺床，灶台，塑料盆和许多零零碎碎的东西。每逢大雨天，屋子里充满了霉味儿，十分难闻。在她的屋子边上，有一个猪栏，这也是她家的。她的丈夫长年在外地打工，小黄奶奶便自己养了几头猪，来补贴生活。

034

小黄奶奶生了四五个孩子，至于是四个还是五个，我并不知道，但她现在有两个女孩和一个男孩儿。乡里人说，她当时还有一个男孩儿，但是没有生下来，因为当时实行严格的计划生育政策，小黄奶奶已严重超出了计划生育的规定。小黄奶奶只得忍受割舍，和孩子分离。我本以为，小黄奶奶会从此倒下去，但是事实却相反，她不但没有倒下去，而且以一种顽强的意志挺下来了。从此以后，她对待其他孩子更加悉心。

小黄奶奶的儿子今年已经二十岁了，但连乘法都不会算。村里人都知道，这个儿子有病，至于什么病，谁也不知。他在残疾学校学习，但学了一年多，情况毫无进展。今年，她叫丈夫带儿子一起去外地打工。听到这个消息时，乡亲们都不相信，我也充满了疑惑，直到我妈妈去问她："小黄，你真要送你儿子打工去吗？这怎么舍得？"小黄奶奶微笑着说："是啊！儿子大了，我们也老了，不可能养他一辈子，他终归要学一门技艺，为自己赚一口饭吃啊！"顿时，我的心底涌出一股独特的味道。

现在，小黄奶奶的两个女儿都已经上了高中，儿子和丈夫在外面打工，她自己一个人在家，种稻子。每逢收割时节，割稻谷，打稻子，甚至把一袋袋稻子从田里抬到家中，她都能干。这完全不是女人干的活儿啊！我觉得，小黄奶奶就像一个男人，扛下了家中的重担，克服了种种苦难。在我心里，她是那么美，那么美！

掌心中的风景

李 岳

说起"老师"这一神圣的字眼，我的心中竟有千言万语堵在了心口。回顾六年的点点滴滴，我竟也无法诉尽您的好。

记得初次相见，是六年前桂花飘香的九月一日。我背着小书包，小手不断地卷着书包带子，独自远远地站在班级后门，带着惶恐与不安，看着别的小朋友牵着爸爸妈妈的手走进教室，看着站在班级前门的您，顿时一股莫名的压迫感扑面而来。只见您个子不高，绑着马尾辫，一副似乎很严肃的面孔，鼻梁上架着一副沉重的黑框眼镜。没有想象中如瀑布般乌黑柔软的秀发，没有期盼中清秀甜美的面孔，没有梦想中温柔可亲的笑脸。胆小的我心中更添一份不安，不敢走进教室。

忽然，您的目光投向我，嘴角上扬，眼睛笑得眯成一轮弯月，走向我："小朋友，来，到老师这边来，你叫什么名字？哪个班的？怎么站在门口呢？你爸爸妈妈呢？"

我用轻得连自己都听不清的声音回答您，手更快地卷着书包带子⋯⋯

"嗯，真好，原来你就是李卓岳呀！真了不起，独自上学是有勇气的表现！"您弯下腰伸出手，轻轻牵起我的小手。

还记得您的手好柔软，还记得您的声音好亲切，还记得您的笑容好甜⋯⋯

您或许还不知道，您的那句"真好"，让我在陌生的校园里，找到了一丝依靠。您那嘶哑的嗓音，让我那颗不安的心找到了安全的港湾。您那柔软的手，让我的全身感到无比温暖⋯⋯

日子匆匆流逝，不知什么时候，我不再害怕您那严厉的目光，不再抵触您的不美丽，不再埋怨您那严格的要求。不知什么时候，我就这样悄悄地喜欢上您，悄悄地爱上了您，看您似伙伴，看您像朋友，看您如妈妈。

不知什么时候，我们感受到了您太阳般的光辉。或许是当夜色蒙蒙，而您的那间办公室仍是灯火通明的时候；或许是当繁星缀满夜空，您才伴着朦胧月色踏上归途的时候；或许是在春游中，您和我们一起拔河被摔得四脚朝天还哈哈大笑的时候；或许是在运动会中，您在操场上为我们挥动双臂，大声呐喊助威的时候；更或许是在司令台上，我们捧回一项项个人、班集体荣誉时，我们高昂着头，您却板着面孔说要努力的时候⋯⋯我们都无从知道了。

但我们知道，有个身影，一直在背后，默默地为我们付出；我们都知道，是晨晖，是星光，把您的双鬓染上点点白霜；我们都知道，是我们使您的身心劳累——敬爱的周老师。

今夜，我提笔想记下您的好，却不知如何诉说。天际，一颗星星闪烁，我想，您，就如星星照亮夜空，看多美；如星星照亮夜空，瞧，多亮。您是我心目中的好老师，像是一颗耀眼、美丽的星星，绽放天际，光芒万丈。

这个老师不一般

李卓岳

周五下午综合实践课上，铃声虽停，但音乐教室里仍然在"赶集"，热闹非凡，能和菜市场"相提并论"。

这时，门"吱扭"一声打开了，走进来一个男教师：他个子高高的，国字脸上嵌着一双炯炯有神的眼睛，高挺的鼻梁上架着一副眼镜，目光威严，扫视全班，那眼神冷得让你直打战。

一秒、两秒……音乐教室里静得出奇，大家都"正襟危坐"，默不作声，原本欢快的气氛瞬间冻结。我在心底暗暗叫苦："这个老师，不一般哪，以后的日子，有我好受的了。"

"想必大家都应该知道了，从今以后，我便是你们的实践课老师。"老师清了清嗓子说道，"我姓钱，大家叫我钱老师即可。""哦。"讲台下一片稀稀拉拉的回应声。

钱老师走到钢琴前，打开琴盖道："下面我们来欣赏一首曲子。"说着便弹开了。那修长的手指在琴键上优美地跃动，那曲调抑扬顿挫、此起彼落，我们听得如痴如醉。悠悠扬扬、扣人心弦的琴声萦绕在耳畔，我在动听的乐音中沉醉得很深很深……

一个重音过后，曲声戛然而止，我猛然清醒过来，不禁轻声笑道："哎，这个老师不一般呢。"

"晚霞中的红蜻蜓，请你告诉我……"钱老师用他那富有磁性的声音唱道。完了，便叫大家自行练习，有一位同学因不认识五线谱而唱不好，钱老师知道了，便耐心地一遍遍指导她唱，她也认真地学着，通过两人的共同努力，她逐渐唱得好听起来。在个人表演环节，钱老师在她清甜柔美、悦耳动听的歌声中微笑了。他的眼角向下弯曲，嘴唇微微上扬，形成一个优美的弧度。

歌声止住了，大家都鼓起掌来，是为了那个女孩儿的成功，更是为了这个不一般的老师。

这个老师不一般。

038

做您的学生真幸福

吴慧敏

浅色的格子衬衫，时尚的发型，黑色镜框下射出犀利的目光，这就是邱老师。

邱老师并不特别出众，他是千千万万万教师中普通的一员，又是独特的一员。在我的心中，深深蕴藏着对他长达一年半的崇敬，我真得竖起大拇指对他说：做您的学生真幸福！

邱老师是一个好老师。我们班转眼就被他培养成茁壮、强大的班集体。对于今天我们班所有的成绩，可谓是"勤为径、苦为舟""功夫深，杵磨针"，是辛苦劳动后的喜丰收。可是邱老师不会松懈，而继续带领我们努力学习。他经常对我们说："处得意时莫忘失意时，要不骄不躁地走每一步！"的确，他是这样对我们说的，也是这样带我们走的。

邱老师还是一个不同于他人的老师，他总是积极地去完成学校布置的任务。不管对大事、小事，他都毫不留情地揪出我们的问题，继而用他独特的"邱氏十八招"帮助我们改掉这些错误。为了我们未来的道路，他总是不容许自己有一点儿马虎，总是竭尽全力地帮助我们成长，为我们打下良好的基础。现在，"细节决定成败"已成为我们班的座右铭！亲爱的邱老师，您就像是化雨的春风，沐浴在我们心田，一茬又一茬春苗因你而挺拔，因你而向上！

邱老师不仅在学习上对我们要求严格，在生活上他也用高尚的人格影响学生，鼓励我们养成各种好习惯。他组织我们每天节省一毛钱，每月节省三元钱，最后全班献给红十字会。他带领我们收集废品，一张纸、一个矿泉水瓶，他从来不舍得扔掉。他那绿色环保的理念深深地影响了我们。

亲爱的邱老师，感谢您在背后默默地给予和帮助，是您辛勤地为我们学习的道路铺上一块又一块砖！既然千言万语都无法表达出我对您的崇敬，就让我再次高呼出：做您的学生真幸福！

老师的目光

钱 蕾

"世界的眼睛有千双万双。最难忘的是老师的目光，一半有父亲的威严，一半有母亲的慈祥。凝聚了父母的厚爱，深深地印在我心上……"耳边回荡起这首歌。对啊！失败时，一句甜美的鼓励能让人重新振奋；难过时，一次默默的陪伴，能使人的心情从阴转晴；而在准备半途而废时，一个满怀信任的目光，能使人信心十足！

也许有人会笑道："一个微不足道的目光哪会有这种魔力啊！"可偏偏在我记忆的星空中，时常闪烁着比星光还要璀璨的温暖的目光，那是充满了魔力的目光。

六年级的学习正处关键时期。为了体育测试，体育老师对我们的训练只有铁面无私、一视同仁的面孔；对我们的成绩也只有鸡蛋里挑骨头的态度，永远都只是差评。

"头上顶着个大太阳，脚下踏着个'大火炉'。老天啊！学生不容易啊！"夏天上体育课，我们一千一万个不情愿！

"队伍呢？你们是'三天不打想要上房揭瓦'了吧！"老师用严厉的语调警告了我们，于是同学们在五秒内由散漫的"无主模式"整理成"军队模式"。"很好，今天的运动量不大，先热身，绕操场跑三圈，接着测长跑。有意见吗？"老师这分明就是明知故问嘛，同学们都不自觉地打了个寒战。

只听哨子一声令下，跑道上的同学们都争先恐后地飞奔起来。当然，我也不例外啦！

踩在跑道上有种踩在热锅上的感觉，同学们都不由自主频繁地交替着脚，就这样被"逼"着渐行渐远离开了起点。但是好景不长，跑了一圈后，个个都像泄了气的气球。体育老师用他的狮子吼追促着我们，我们就像逃兵一样，拼了命地跑，就怕被追兵抓回去。脚上又有了动力。继续跑！

"上帝啊，我用我十年的光阴跟你换瓶冰水吧！"如果这时候有瓶水在我面前，我保证以光速冲过去，可惜那只是如果！

"快点，最后冲刺了，坚持住！"老师的催促随着风飘过。抬头望了一眼，看到老师的目光里充满了期待、鼓励，还有点儿高冷。不知为何，莫名地感到身子不那么沉重了，喉咙不那么干渴了。冲啊！

到了！老师递上了矿泉水，那水喝起来是凉爽的、甘甜的。

老师的目光像是让人回味的甘泉。不。老师的目光像警钟，告诫我不能轻言放弃；像清风，吹走了我身上的炎热；像暖阳，使我不由自主地追逐它。

老师的目光，心灵的霞光，叫我终生难忘！

温情的家乡

周慧颖

　　我的家乡不是什么大城市，没有大城市繁荣，但是它充满温情，是最美丽、最和谐的。

　　单是我们的小小的村庄，就有无限的幸福，无限的快乐。我们村里的人们都非常热情勤劳，大家互帮互助，团结友爱。我就经历并见证了这样的时刻。

　　那天早上，妈妈一边收拾着，一边对我大喊着："快点儿起床了，妈妈要去上班了！看着点儿天，衣服还晒在外面呢。"

　　我迷迷糊糊地醒来，心里抱怨：好不容易周末了，可以睡个懒觉，这大清早的，把我叫醒，何苦呢？我只能无奈地应着。我睡意蒙眬地伸了个懒腰，感觉好多了，就掀开被子，晃晃悠悠地走到窗前，感觉到有一股暖暖的味道。我用力拉开窗帘，瞬间一束束阳光争先恐后地从窗子里跃进来。啊！多么好的大晴天啊！暖暖的阳光照在我身上，我的困意油然而生。睡意一步又一步地诱惑着我，击垮了我的最后一道防线。"那么好的太阳，肯定不会下雨，再去睡一会儿吧。"我自言自语地说完，就有如离弦的箭一样，直奔向床，投入梦的怀抱，梦的故乡。

　　"哎哟，这傻娃呀，都下雨了，还不出来收衣服！"一阵阵老婆婆的抱怨声把我从睡梦中叫醒，我心里刚想抱怨，突然听到"下雨了"三个字，我的心突然吊起，急急忙忙穿好鞋子，心里叫着：完了完了，这下完了，要挨骂了，衣服肯定抢救不回来了！

打开门，刚想冲出去，只见邻居家的老奶奶站在门口，怀里抱着一堆衣服。她头发湿湿的，衣服也湿了一层，在那儿喘着粗气。我似乎明白了什么，连忙接过衣服鞠躬九十度，向她道谢。老奶奶连忙用手扶起我，笑着说："不用不用，邻居嘛，应该的！还有，下次可不要再睡懒觉了。"听到奶奶这句话，我"咯咯"地笑着，心中羞愧难当，但又感到无比幸福。

我们村里的人们不仅善良，还十分勤劳。上小学时，每天早早地起床去坐公交车上学，我原以为，那已经很早了，可是没想到，那个时候，很多农民早已在田间辛勤耕作了。

这就是我的家乡，它很小，但是它却承载着人们大大的梦想；它很平凡，但是它能够给人最幸福的生活。

怎能不爱这温情的家乡？！

江山，你在变

姜鑫霞

江山，或许很多人都不了解她。她虽然只是一个小城市，但是她有自己独特的风味。在这里，有很多著名的旅游景点：被列入"世界自然遗产"的江郎山、清漾毛氏祖居地。江山像夜空中的那颗北极星，镶嵌在浙江的这片土地上。

从前年开始，村里就实施"五水共治"这个计划了。"五水共治"指治污水、防洪水、排涝水、保供水、抓节水。浙江是南方的鱼米之乡，自然要重视水源的洁净以及合理利用。

"五水共治"是一项一举多得的举措，它给村里带来了巨大的变化。

以前的那种又脏又臭的"黑水沟"，变成了流淌着清澈流水的小溪。以前漂浮着垃圾的池塘变得碧波粼粼。池塘边还插上了告示牌，告示牌上包括池塘的名字，池塘的"家长"以及其联系电话等内容。鱼儿在水里欢快地游着，对它们来说，这里就是它们的天堂。它们构成了一道亮丽的风景线。

道路两边种植了许多花草，每个季节，空气中都散发着不同的香味。一年四季，村子都显得生机勃勃。垃圾也不是满地乱跑，而是安安静静地待在它们的"家"里。村里更是安排了专门的清洁工作人员，定期清理这些垃圾，不让苍蝇有任何可乘之机。村委会还给每户人家都发了垃圾桶，垃圾桶按不同的颜色分了类：蓝色代表厨余垃圾，绿色代表可腐蚀垃圾，黑色代表不可腐蚀垃圾。

政府还规定不能养猪，因为猪的排泄物很臭，会污染水源与空气，所以养猪户也只能另谋生计。

"五水共治"带领着江山向前走去，它让江山在别人眼中干净整洁。而她在我眼中却是美丽而又端庄。

啊！我爱你，江山！

爱你的繁荣！

爱你的美丽！

爱你的宁静！

江山，愿你变得更美！

家乡如此多娇

姜雨馨

春风一吹，家乡的每个角落都变了样儿，变得那样生机勃勃，粉嫩的桃花，碧绿的小草儿，勤劳的小黄蜂，都在忙于装扮家乡，她们让家乡变得如此多娇。

望着远处的茶叶山，不由得踏上通往那里的路。不必说那一排排笔直的樟树，也不必说那满山乱跳的小动物，单是路上的野花野草就够让你神往的了。走在通往茶叶山的路上，看着刚探出头的小花儿小草儿，望着金黄的油菜花，听着鸟儿婉转的对唱，蜜蜂嗡嗡的大合唱，我不由得想起一首歌：走在乡间的小路上，牧童的歌声在荡漾……

山坡上，美丽的映山红在太阳的照耀下，格外绚烂，给寂静的小山增添了一丝活力。刚想伸出手摘下一朵别在头上，可又不忍心，它们在看着你笑呢！

叽叽喳喳，哦，原来是小燕子，从南方回来了，它们的回来意味着春天真的来了。一个个小小的燕窝整齐地排在屋檐下，听着刚出生的小燕子的叫声，原来要好几天才能完成的作业，现在两天就能完成了。

突然发现，家乡变化真大呢！门前原本崎岖的小土路，现在变成

　　了笔直的沥青大道。那原来全是污泥的小河，现在也是清澈得能见得到底。望着河底那欢快的小鱼小虾，我开心极了，真想一头扎到水里和它们一起畅游呢！

　　秋天，秋天带着落叶的声音来了。秋天的家乡也是美的，景色宜人，果实累累，山坡上坐满了一排正准备看落日的孩子，夕阳西下，留下了多少童年稚嫩的回忆。黄昏总是很快就消失了，还没等我来得及好好欣赏，太阳就落进了西山。

　　多娇的家乡，有我许多快乐的脚印和难忘的回忆，它的美，它的丰饶，真令人难忘。

彼此的呵护

周嘉颖

　　那条我叫不上什么名的河，自打我有记忆开始便一直存在着。

　　幼时，那是一条干净的河。河水虽谈不上清澈见底，却明明净净，看着舒服。河边的草长势甚好，小鱼小虾更是游得快活。那较深些的地方，甚至还有螃蟹呢！小河不宽却长，河水静静地淌，慢慢地流，湾过两岸几十亩的田地。庄稼靠它生长，农民靠庄稼生存。那清凉的河水更是村里孩子们消暑的好去处。妇女们每天来这儿洗涤衣裳……总之，男女老少，都离不开这条河。

　　童年时，那是一条忙碌的河。随着村外进来办厂的人的增加，水的需求更是供不应求，再加上几年来村外围环境恶化，马路修建，汽

车来往频繁，小河不再静淌。尤其是盛夏，那狠毒的太阳照得庄稼奄奄一息，是那条河，保住了庄稼。抽水机的声音从不间断，源源不断地将水送到了田中，庄稼扛住了，继续生长着，但河，却露出了它的肩脊——那一层层河床。

少年时，那已是一条浑浊的河。小鱼小虾不见了踪影，河蚌被蒸干了肉体，只留两片破烂不堪的蚌壳。河边积出了恶臭的淤泥，甚至残留着农药瓶子。河上常可以看见不知来自哪里的泡沫板、废弃瓶子。每到涨水时，河水更是喷出那腐烂的气息，令人作呕。没有孩子肯去那嬉水，没有妇女肯去那浣洗，倒是那工厂的排污管道，一直不肯离去。

终于有一天，党和政府"五水共治"之风吹拂大地。大家调来挖机、铲车，掘走了淤泥，捡走了垃圾。政府拆了那违章的工厂，小河的面貌似乎有所好转了！悄悄地，展现在我们面前的是一条干净的河了。河水清澈见底，明明净净，清清亮亮。河边的草长势真好，小鱼小虾更是游得快活！那小螃蟹又回来了呢！小河边飘荡着孩子们的欢笑，还有妇女们的捣衣声……

遥远的记忆中的小河，你又回来啦！你一定是听到了"五水共治"的呼唤了吧？你一定感受到了"五水共治"的呵护了吧？

蛾 之 歌

周梁俊鹏

　　我和光明是一对朋友。我是他的追随者，但是我们却不能有一个热情的拥抱。我追随他来到天涯海角，为的只是得到一缕光明的力量；我要用自己的生命去追随他，直到死亡。

　　白天，我在他的照耀下感受世界的美好，这让我得到温暖；黑夜，我寻找他，寻找他，哪怕死在半路，也只为了得到他的庇护。

　　我不怕困难，甚至死亡；光明总让我充满希望。

　　黑暗来临时，他是我的灯塔；黑暗消散时，他是我的朋友。

　　曾有多少蛾——像我一样的朋友，冲向那炽热的光明，最后轰轰烈烈地死去。他们感受到了光明的拥抱，虽然只有一瞬间！曾有多少飞蛾，在完成了自己的使命后，便奋不顾身地踏上了这一条黄泉路，在光明中燃烧！升华！

　　夜幕降临，万物都在梦乡里沉睡，我也走到了生命中的尽头。啊！来吧！让我在这光明中灰飞烟灭吧！我不怕死亡，因为我生来就是为了光明。

　　这就是我的命，为光明而生，也必将为光明而死！

月 之 歌

毛慧颖

生来的我——一颗不会发光的星球，虽是命中注定，但我也要发光！我不羡慕旁人，因为我就是我！我静静地俯瞰大地的一切。

我和彩云是一对恋人。风让我们越靠越近，成就了一对恋人。

彩云紧紧地拉住我的手，我脉脉地瞅着她。她跑过来用她那轻轻的身躯托起我，我对她报以甜甜的笑容。

我同她是一对亲密的恋人。

她习惯了过无拘无束的生活，而我却更想要一方宁静。

终于，我挣脱了高山的拥抱，我想在夜阑人静的时候，一个人在微风轻抚下，聆听人间的声音。

我听着，听着……不知不觉，第二年的中秋到了，我将在最圆之时，向人们展现，为在外的游子照亮回家的道路。我向他们射出光亮，为他们照亮前方。有时游子不能回家，他们在深夜还在凝望着我，我只好向他们洒下和家乡一样明亮的月光。

我曾经用我的光引领在森林中迷路的探险队，让他们从死里逃生，我曾经用我的光普照大地，不及太阳但却有《月光曲》的诞生，我曾经使大海的涨落发生变化……

黄昏慢慢地褪去薄如蝉翼的霓裳，我偷偷从太阳的阴影背后钻了出来。

晚风徐徐地吹拂，送来一阵阵沁人心脾的桂花清香，让人感到有些陶醉，又有些心意荡漾。

不一会儿，天空缀满了星。他们闪闪烁烁，似在欢乐地谈论着、思考着。而我就在一旁静静地聆听着。

我是天空中的一轮圆月，我是天空的眼泪，是森林的银衣。不论是天上的彩云、星星，还是地上的树木老屋，都是我的伴侣。

我不寂寞，也不孤单……

沙 之 歌

徐小琪

我同风儿是一对情人，每当遇见他，我都会欢快地围绕他舞蹈。

每当他来到我的身旁，我都会热情地和他相拥；当他离开时，我就会在原地静静地望着他的背影，期待下一次相遇。

我是一粒沙，渺小的一粒沙，但我却十分快乐。

清晨，我和露水姐姐挽手唱歌；傍晚，我和小草一起看着夕阳下渐渐拉长的影子，咯咯地笑。

我是一粒沙，渺小的一粒沙，但我却努力地让身边的人快乐。

当我发现花儿妹妹娇嫩的小脚从泥土中露出来时，我马上叫上我的小伙伴们，让他们重回大地爷爷的怀抱。

当露水姐姐想借着以太的翅膀，飞上蓝天时，我从不像泥土那样，紧紧地抱着她，不让她走。我总是祝她一路顺风。

我是一粒沙，渺小的一粒沙……

也许，从未有人记得我；也许，很少会有人发现我；也许，我做得还不够。但我努力让自己快乐，让身边人快乐……

星 之 歌

吴欣悦

我是一只只闪亮的眼睛，上帝把他的智慧和爱心交给了我，让我去填补黑夜无底的深渊。

夜色浓重，路灯的光还太过灰暗，我亮起仅有的光把它洒在冰冷的路面上。

夜色冰冷，太多太多的游子有家不归，我用仅有的温暖，唤醒他们绝望的内心。

夜色宁静，隐藏不了悄然罪恶，我瞪大眼睛把这其中一切的一切看在眼里。

月色朦胧，是我行程的起点。第一缕阳光，降落到世界，宣告我的行程终了。人生也是如此，开始的时候，悄无声息，终结时也是悄悄的。

我被点缀在夜空中。借光的力量闪耀。黑夜总比不上白天，但我偏偏不喜欢太阳，更向往黑夜的月亮。少了一分炽热，多了一分宁静，多了一分真诚。好心人对蓝天的星群哀诉着愁情，他们出神地凝望着我们，从不厌倦，我回答他们的是无上的安慰和一声声祝福。

在寂静中，蛙鸣声、虫叫声一直不断地演奏了一个晚上，不停地环绕在我的耳畔，我静静地聆听着这一首首或喜或愁的歌曲。

夜深人静，我默默地守护着夜晚的一切。

因为我的心中有一个声音：总有一颗不会坠落的恒星。

云 之 歌

郑一玲

052

我是一朵雨做的云，天边一朵雨做的云，时而洁白，时而透明。我行侠仗义，居无定所。

炎炎夏日，农田里的农民大汗淋漓，我看到他们总是心疼，所以，我会悄悄地，悄悄地溜到他们的头顶，尽力舒展自己的身躯，只求能够为更多的农民遮蔽骄阳。有时又看见干涸的土地，农人们为庄稼发愁，于是我抛弃身上的小水珠，让它们带着我的心意撒向大地，浇灌田间地头，我却默默地消失在灰暗的天空中。

风带我周游世界，我也曾想过停下脚步歇一歇，但是风总不尽我意。我想在天黑之前欣赏小桥流水，它不愿；我想在天黑之前捎走一缕花香，它不愿；我想在天黑之前再看一眼孩童们的微笑，它不愿。我想放弃追逐风的脚步，却无能为力。

因此，即便奉献，得到人们欢心，但我无法久留，他们不会记得我，无论怎样，我依然甘愿这样。

终有一天，我也会消散，在那之前，我渴望听到有人指着我对别人说："看那朵天边的云，真美！"那么我会为这句话一直陶醉。

我是热心的，我想一直为大家带来欢乐，这是我一生的工作，但我其实只是天空中的流浪者，一朵天边雨做的云。

树 之 歌

姜梦婷

我同大地是故人。清晨，她将我从睡梦中唤醒；夜晚，我又在她的歌声中进入梦乡。

我在她的怀抱中成长，知道了人世的曲折；她抚育我成长，历经了岁月的沧桑。

我生性冲动，渴望那蓝天白云，而她却显得有耐心，记录了我们之间点点滴滴的回忆。

曾经，小鸟落在我带来了弥漫在空气中的花香的枝头，和我一起唱歌；曾经，花草从地面钻出，陪我一起嬉戏；曾经，风姐姐经过我的身边，带来了弥漫在空气中的花香；曾经，雨哥哥穿过大地，带来了凉爽和滋润心田的雨露；曾经，雷公公从我头上经过，他的叫声驱除了我的睡意。

当清晨第一缕阳光洒落人间，万物都为新的一天而怀抱理想；当夜晚第一抹月光照耀大地，万物便都放下烦恼进入梦乡。

当春回大地之时，万物便都欣欣向荣；继泉水叮咚之后，万物便开始奋发图强。

我在她的怀抱中成长，和同伴一起玩耍，我听鸟儿唱歌，听同伴讲故事。偶有调皮，也会听她讲人生的经历，说人生哲理。

在万物的时而歌唱、时而嬉戏中，我便产生了对她们的眷恋。因为有眷恋，所以感激；因为有这感激，所以要努力；因为有这努力，所以要争取。

这，便是我的生活。

月光之歌

吴俊辉

054

我仅仅是一束束微弱的光，地球夜晚的黑暗景象使我情不自禁地想去照亮它。

我是一只闪闪发光的手，把身处黑暗深渊里的人拉到明亮的路灯下。

曾经有多少个夜晚，当有人思念亲人时，我便成了他们无形的衣裳；曾经有多少个夜晚，我用我的体温去安抚那白天被太阳烤得炽热的世间万物；曾经有多少个夜晚，当恋人的目光注视着彼此时，我默默地笼罩着他们，让他们不被打扰。

夜深人静，我便透过那窗户，静静地守护那早已安然入睡的小宝宝。有人说我很任性，若隐若现。其实每天晚上我都在，只不过偶尔会有任性的乌云阻断我的去路。

我是夜晚的光明，轻柔而美丽。我轻轻地将大地上的一切笼罩。睡吧！轻轻地，睡吧！都睡吧！但是我始终相信会有像我一样，日夜坚守岗位的人。让我们结为伴侣共同度过这漫长的黑夜！人终将会老去。可我是永恒的！

水 之 歌

郑敏惠

我同世间万物是友人，彼此相亲相近，胜似一家人，他们从未抛弃我，我视他们如知己。

清晨，我躺在叶片上，美丽的天使将我偷去，用以镶嵌缤纷的花骨朵；忙碌的人儿，早起的第一件事就是让我在她们身体里畅游；苏醒的草木，不停地召唤我……

我笑了，大家也笑了！

我的几万个分身在不同的地方欣赏这缤纷的世界。

农家的雏鸡啄啄我，弄得我全身痒痒的。

芬芳的泥土吸引着我，让我迫不及待地钻到地下乐园去。

哦，可怜的流浪儿！把我从江河捧起进入你的身体，暂时填饱你空虚的肚子吧……

炎热的夏天，我隐藏在大气里，或变换成一朵云儿，随风飘荡，看大千世界，烂漫多姿。

我又从天空落下，"啾"地一变，成了孩子绒帽上的雪瓣儿，人们好像很高兴我的到来……

　　"啊，多么有趣而又美丽的旅程！我还要让这可喜的世界因我而幸福！"

丑陋的石头要唱歌

　　小时候，我是一个性格比较孤僻的人，不善于与他人交谈，只愿在书中的世界里徜徉。同学们给我取了一个绰号"书呆子"，书就像一块磁铁，牢牢地将我吸引住，怎么甩也甩不掉。

丑陋的石头要唱歌

吴露瑶

常言道："书是人类最好的营养品。"书给我带来了丰富的营养，带给我无穷的乐趣。因此，"读好书，好读书，多读书"这九个字一直是我的"行为准则"。

小时候，我是一个性格比较孤僻的人，不善于与他人交谈，只愿在书中的世界里徜徉。同学们给我取了一个绰号"书呆子"。书就像一块磁铁，牢牢地将我吸引住，怎么甩也甩不掉。

记得一次放学后，我独自一人走在回家的路上，突然，在拐角处的一个流动的小书摊引起了我的注意。我顿时停了下来，开始与"磁铁"做斗争……最终，我还是败下阵来了。我走进了小书摊，疯狂地挑选着书籍，最终选定了《水浒传》。

走在路上，我迫不及待地打开了书，边走边津津有味地看了起来。里面的故事深深地吸引着我：武松的勇敢、仗义、豪情与鲁智深的无畏、英勇让我佩服，高太尉的残忍让我厌恶……

突然，只听"嘭"的一声，正当我看得兴起的时候，我撞到了门上。原来我已经到家了！我打开家门，走了进去。一进门，便看到妈妈拿着铲子在厨房里忙碌的身影。也许她是听到关门声了，便说："回来了。""嗯。"我回应了一句。正准备以百米冲刺的速度冲上楼的时候，妈妈突然走了出来，以她的"火眼金睛"观察我的全身，随即目光便落到了我手上的书上，脸色立马晴转多云了。"怎么又买书了！家里的书还不够吗？你看看你那个房间，都快被书给湮没了……""我爱看嘛！"我随意地回应了一句，便匆匆地逃离了现场，避免了一场唇舌之战。

我来到房间，立刻将自己化身为一匹饿狼，飞快地扑向自己的猎物，贪婪地吸食着其中的养分。我仿佛走进了书中的世界，与武松、鲁智深一起浪迹江湖，打抱不平。我陶醉在美妙的世界里。

这时，楼下传来了老妈的"狮子吼"："快下来吃饭！我给你三十秒，三十，二十九……"不愧是我老妈，了解我的性格，知道我不会轻易地下楼，才使出了这种"撒手锏"。于是，我依依不舍地放下书，只好妥协下楼吃饭。

书，给了我丰富的营养，给了我无穷的快乐，它还能增长我们的知识，提高我们的写作能力，丰富我们的阅历。让我们一起去读书，一起去享受读书带给我们的乐趣吧！

享受种花的乐趣

毛慧影

一次的偶然，看到一些壁纸上的图案，有种说不出的冲动，认出是郁金香。也不知为什么会有种痒的感觉。

那郁金香的图片一次次在我的脑海中回放。每次，在网上找郁金香的照片，截下当壁纸，甚至把郁金香的样子做成纸样的……一天下午，我忽然决定——我要种郁金香。

为了做好充足的准备，我在网上查找郁金香的种子，种花的工具，最终买了下来。在家等待着，在学校等待着，每次回家从妈妈口中得到的都是"还没到"。

日日夜夜连做梦都在想着我坐在阳光下在"培育"郁金香。就在这种煎熬中度日。在第三天下午回到家，如梦一般地见到了夜夜所想的种花工具——花盆、小铲子、锄头、剪刀、种花土、肥料和溶解式的杀虫剂与毒虫药。还有我朝思暮想的郁金香种子。虽然有了一切，但还有些害怕，因为种子只有一颗。所以这次的种花大计，只能成功，不能失败。

我先做了些准备，在网上查找了视频，看了好几遍后，又在心里默记了好几遍，然后在周六的早上，我倒入花土，又洒些水让表面湿润，再挖一个小坑，放入种子，把尖的一头朝上，多半个埋在土中，然后再浇了一些水，放在我身边。然后我开始做妈妈给我布置的作业。做几题就被这郁金香的种子吸引，掉进了另一个幻想出来的美好世界中，就这样心不在焉地完成了作业。

两三天过去了，郁金香什么动静也没有，我不免着急了起来。就在这种不安中又过了几天，郁金香的芽儿终于睡醒了，伸了伸嫩嫩的腰。那束白色的头只是嫩得让人忍不住去摸摸。我突发奇想，多浇些水。于是浇了三天的水。第二天，虽长高了些，却长得不精神了，小叶也是黄黄、蔫蔫的。我立即有了一种不好的预感，马上抱着我的宝贝问妈妈：这是怎么了。妈妈看了看，说："水浇太多了，但不是太严重，让它多享受阳光。"

在一天天的自责中，郁金香坚强了不少，也长大了不少，但是"匪"——杂草让我又一次地警觉了，于是把杂草一根不剩地拔去，再上些许肥料。虽说花长高了些，但"匪"又一次地向我的花作祟。

于是我决定要通缉它们，严防它们，不让它作恶为非，蹂躏我的宝贝。那杂草时时在我眼前出现，每次想到它在贪婪地吮吸着宝贝应得到的营养，便决定——剿了这些"匪"。

这些"匪"除尽了，我就焦急地等待着那最后的成果，但不知为何还是不开花，是锈住了还是怎样。坐在它面前跟它悄悄说话，对它许诺。

焦急着，等待着，失落着……最后不理它了。

突然，开了——

在那早晨，窗户与窗帘被拉开，我在床上刚醒，眯着眼看到了，在晨曦中，那郁金香迎着朝阳开了！果然，不辜负它那高贵的名字，那长长的绿色枝干上点缀两片叶子，在最上头一点酒杯样的花朵。这一切的一切都给人一种舒适而又惬意的感觉。

这郁金香，这是我的郁金香，比那壁纸上的郁金香更美，更精神。

享受合作的乐趣

姜浩贤

那一天，我正在家中无聊地看着动漫。忽然间，电话响了起来。

"喂，你好！你找哪位？"

"找的就是你，我的好朋友！"

原来是我的好友打来的，我不由得欣喜若狂。我正为独自在家的无聊而发愁，而这个电话，不早不晚，刚刚好，真可谓"来得早不如来得巧"。

简单与他聊了几句后，我便放下了电话，毕竟我想见到的是他的人，而不单单只是听他的声音。

不一会儿，门铃响起，我蹦跳着打开门。但才几分钟的时间，他的目的就暴露了——画画，用"sai绘画软件"画。我就知道他是黄鼠狼给鸡拜年——没安好心。但出于无聊，我也痛痛快快地答应了。

迅速进入主题后，我们便开始讨论分工这个问题。他马上提议他做背景，我画人物，毕竟他擅长画景，而我更善于画人。将每个人的长处发挥出来，形成互补，这就是合作。我猜他是这么想的，而我更是这么想的。

分工明确后，就迎来既简单又最难的工作了——作图。

曾经我也尝试过自己用此软件画些图。虽说我有对待事物全心全意、坚持到底的品质，但那个下午，没错，是一个下午，我作图竟只能完成线稿，而后来任何进展都没有，我不甘心地放弃了。所以，我深知它的不易。

然而，奇怪的是，这次与伙伴的合作，竟让我明显感觉到简单了许多，至少没有到让人抓耳挠腮的地步了。

他不擅长的，我来做；我不擅长的，他来做；我们都不擅长的，我们就共同来做。

终于，在四个小时后，在我们擦了又擦，改了又改，画了再画后，一幅精美的作品就完成了。虽然日后我们再看它时所能想到的只有"普通"，但是当时我们忘记了先前的劳累，只剩下满心的兴奋与满足，更何况我们当中的每一个人都不可能画得比它好。

现在回想起来，我感触良多，如果人与人之间都在合作的话，每个人都将自己擅长的做好的话，事情就一定能简单许多，效率也能大大提高。我相信，到时候一加一绝不会再等于二。

享受读书的乐趣

郑　玲

我至今也不敢想象，自己会以读书为乐趣。从懵懂无知的小孩儿，到今天能书善写的高年级的小学生，是书籍改变了我。

一年级的时候，爸爸就给我买过一本《安徒生童话》。我那时爱活动不爱看书，所以我很快就和它说了"再见"。这本书也不知被我丢在了哪儿，或送给了谁。直到五年级的时候，老师要我们买课外书，去看课外书，于是，妈妈便带着不情不愿的我去书店买了两摞书。

从此，我看电视的时间就"光荣"地分给看书了。实施读书计划的第一天，我就对着书发呆。终于熬不住了，为了打破这无聊的氛围，我随意抽出一本书翻开。

一股墨香随着书页的展开扑面而来，书本开始发挥自己的魔力。静静地翻着翻着，看着看着，灵魂便像被勾进了书里。看着书中人物被毒打，自己的心也被扯动，感觉到了疼痛，自己也就变成了书里的主角……

后来，周三的第二节语文课，是老师给我们拓展的一节"阅读课"。上午时，天气好的日子，不开教室里的灯，任凭调皮的阳光在教室里嬉戏玩闹，带给我们充足的光线。从抽屉里拿出一本磨旧了的

丑陋的石头要唱歌

书，纸页的边边角角都有些泛黄了。暖风习习，飘起了的树叶香，和着我们的翻书声，比贝多芬的交响乐还好得远。我已看完了苏联作家高尔基著的《童年》。其中外祖母的慈祥善良、聪明能干引发我对她的崇敬；外祖父的吝啬、残暴让我愤愤不已；遭遇悲惨、乐观淳朴的小茨冈叫人心生同情。一本书我看得很慢，却消化得十分彻底。我边阅读边祈祷下课的铃声识点儿响。就是在课间，我也忍不住要与同学谈论书中的故事情节。短短的时间里，书本为我带来了无限乐趣。

从胡乱丢弃书到把书当成宝贝一样珍藏，从对书爱理不理到看书看得乐此不疲。看书已成了我生活中的一部分，不可缺少的一部分。

高尔基说："书籍是人类进步的阶梯。"

莎士比亚说："书是全人类的营养品。"

我就在这阶梯中不断进步，在书中获取营养。

我爱读书，我也在阅读中读出人生，享受乐趣。

064

给父亲的一封信

吴璐琪

亲爱的父亲：

您好！开学已经快三个月了，刚开始的那个懦弱的我，已经变得坚强，变得开始会与同学交往了。

时间真的过得好快啊！不知不觉之中，姐姐也离开家去江苏读大学快满三个月了，您一定很高兴吧？知道姐姐对待大学也毫不懈怠，不因为上了大学就放松下来，努力向老师学习绘画技巧，您一定很自豪有这么一个优秀懂事的女儿吧？我也会努力，成为让您感到自豪的人。

尽管姐姐身在异乡，但是心系我们。姐姐在还没去上大学之前就跟我谈过好几次，她说，"我们家现在没有吵架声，只有嘘寒问暖声，爸爸妈妈也没有再吵架了，这么一片其乐融融的家庭气氛，真好。"是啊，真好。

十月一日国庆节长假她回来后，又有了一番感悟，又多了一份幸福。她的原话是这么说的：在下了高铁之后，看到你们三个一起来接我，我真的好幸福啊。在看到你们的那一刹那，所有的思念全都化成了抹不掉的微笑。我认为只要我们四个都在，那就是一个完整的家，那才是家的所在。

不管您喜欢抽烟，整天把家里搞得乌烟瘴气的，还是喜欢喝酒，有点儿小邋遢，您都是我和姐姐最爱的父亲，是母亲最爱的丈夫，是我们家的顶梁柱。您虽然总是笑嘻嘻的，但面临重要的事情，您总是很严肃，让人有种不得不听信于您的威严。您为我们做了很多，这点我们都心知肚明，也都很感动，您的责任心，同时也就是我们的信心。

065

我想让您知道，我不是没有良心不懂得感恩的，只是不善于表达。我在很早的时候就已经懂事了，可做出来的事却总是幼稚，总是不尽人意。我很早就在想：我要好好读书，以后要找到好的工作，赚钱了，要给你们买好吃的好穿的，当时的我一点儿都不觉得幼稚，那是当时的小梦想。后来，我才发觉，原来你们要的不多，只是吃饱喝足，有人陪，所以又想着好好读书，找到一个自由的工作，好好孝顺你们，重要的是有更多的时间陪你们。妈妈每次都说我没有姐姐懂事，不懂得感恩，没心没肺，你有时候也会笑着附和，其实我那个时候难过极了，心里想过放弃，反复斗争，终究没有。

这次考试吧，总体比上次考试进步了不少。我要考上好的大学，我得继续加油。

我还有一大堆话想和您说，但到这里我不得不停笔了。祝您工作顺利，身体健康！

您的二女儿

2017年11月24日

给父母的一封信

毛栁森

亲爱的爸爸妈妈：

现在，我已正式成为一名小学毕业班的学生了。在这一路上，也少不了你们对我的爱。我很感谢你们。

六年级，已经学习了半个学期了，我收获了很多，明白了是与非，我不再是以前那个小孩子了，我已经知道学习的重要了，我已经不再和同学打架了。

我在校园生活得很快乐。有同学的陪伴、老师的教导和美好的环境。

运动会前，我和同学一起训练，有笑有泪，现在回想起来都还很兴奋。不论是烈火似的骄阳，还是五圈的长跑，都是一种魔鬼的考验。但是我们并没有屈服，坚持了下来。在这一期间，我知道了什么是苦，也知道了什么是不怕苦，也感受到了苦后的快乐。

半个学期过去了，我的测验成绩出来了，我对我的成绩很失望，但我没有灰心，我如果因为一点儿成绩就伤心的话，那算什么男子汉。接下来就快期末考试了，我下定决心要取得进步，这不但是对我自己的考验，还是对你们的承诺。我希望你们能支持我，我一定会努力的！

今天是星期五了，全校要开家长会。我知道你们不会来，但是我并不会责怪你们，因为你们都是为了这个家而辛苦。不过更多的，还是希望你们能来一下。

你看一个星期又过去了，我又成长了。

感谢一路有你们的陪伴，爸！妈！

你们的儿子：毛柳森
2017年11月26日

写给老师的一封信

毛燕红

尊敬的老师：

您好！

您一直在教我们数学。六年级的时候，我们班同学十分调皮，经常惹您生气，可是您却从未放弃过我们，您相信我们，相信我们一定会长大的。您为我们做出的努力我们都看在眼里。

我与您交集最多的时候应该是在期末复习那段时间吧。那段时间我的数学成绩一直在退步，从原来的八十几分到六七十分，甚至是不及格。有一次，我由于前一天晚上没有休息好，导致上课的时候晕晕沉沉的。你看见我，叫了我的名字，我从您的语气中听出了您对我的失望。也正是因为您叫了我，我才清醒了一点儿。可是不一会儿，我又想睡觉了，您依然叫了我的名字，在这节课上我被您叫了许多次名字。我也知道，您不是在责备我，只是在提醒我，更是因为这节课我自己做得太差了。

　　您也曾经给了我巨大的鼓励。每次您让我们回答问题或是让我们在黑板上做题目的时候，我总是会在心里面默念：千万别叫到我，千万别叫到我。可您好像能够看得懂我的心思似的，您将目光移到了我的身上，我当时已经猜到您会叫我了。您最终还是叫到了我，接着，同学们就把目光看向了我，我的脸顿时红了。我吞吞吐吐地说了半天，小声地说着答案。您亲切地说道："没关系，说错了也没关系。"可我还是不敢说。没办法，您只能先让我坐下。但您的这句话，在我以后的生活中给了我巨大的勇气。

　　您每天不辞辛苦地教育着我们，您告诉我们什么是对的，什么是错的。

　　我的小学生活一直有您。谁能说这不是缘分呢！一年级的记忆早已模糊不清，但六年级的记忆我永远无法忘怀。您和我们一起努力着，在您的指导下我们的成绩有了很大的进步，我的数学成绩也取得了八十四分的优异成绩。我知道我们的一点点进步，都凝聚着您的心血和汗水。

　　有人把您比作辛勤的园丁，浇灌着我们这些祖国的花朵的园丁，但是在我的眼里，您更像是粉笔，牺牲自己，为我们带来知识。

您的学生：毛燕红
2017年10月19日

小恩，我想对你说

姜鑫霞

从外地转入这所小学已经有一个多月了。我们从原来的陌生人成了知己。成长路上，是你一直鼓励我，照顾我，安慰我。我想对你说："小恩，谢谢你。"

眨眼间，我们都从以前那懵懂的女孩儿，长大了。来到这个学校遇到了你，我很幸运。还记得开学那段时间里，让你我都铭记在心的那件事吗？

那是一个乌云漫天的下午，仿佛随时都要下雨似的。秋风吹过，树上的叶子又缓缓飘落。这是刚开学的那一阵，我都还不太熟悉这个校园的规则。

吃完晚饭后，我们正在聊天，脸上挂满了笑容。路边的鲜花绽放着，在向我们微笑，高大的梧桐树摇曳着，在向我们挥手。我们怀着美好的心情，走在回班级的路上。

老师站在宿舍门口前，脸色铁青，叫住了我们。也许是人敏锐的第六感吧，我的心开始忐忑，额头上也开始不断地冒汗。我知道，宿舍扣分了。乌云聚集起来了，狂风刮得更猛烈了。老师带领我们走进了女生宿舍。

老师走进了我们的房间，检查每一个人的内务。他第一个就看到我的被子，我的被子实在太显眼了。老师走向前，询问这是谁的被子，我硬着头皮正想走上去，耳边却响起你的声音："老师这是我的被子。"老师对着你说道："小恩，你身为班干部，没有以身作则，使班级丢失了荣誉，我很失望，你自己好好反思吧！"说完，便扬长而去。

我立即拉着你跑回了班，路上我一直想对你说声"谢谢你"，但始终没有开口，只低着头向前跑。

回到班里，我低着头问你："你为什么要帮我背黑锅？"语气中带着丝丝自责。你却回给我一个笑脸说："我的被子也没有叠好。我也应该好好反思，而且我是你的朋友，要有福同享，有难同当啊。"

我的心里顿时涌上一股暖泉。友谊也许就是这样，无须说感谢，只从你的某种神色中就可以知道你想说什么。

但是，我心中的感谢之情已经无法用言语表达了。我想对你说："小恩，谢谢你，谢谢你一直以来对我的照顾。有你，真好！"

"文化猫"

舒天楚

猫有许多的优点，尤其是我们校园中的这只"文化猫"。为什么要赶走它？为什么不让它留下？为什么不让它成为校园中的一道风景？

猫并不凶残，而是一种温和的动物，我便看到过一次：在拓展课，那只"文化猫"来到图书馆阅读书籍，这时，一个同学走了过去，一会儿抚摸它的头，一会儿拿着它的脚，而"文化猫"则并无强烈的反应，竟然还与那位同学玩得起来，好不快乐！由此可见，"文化猫"并不怎么会伤人，反而会与人们相处得很愉快。若是害怕伤人，我们也可以为"文化猫"打上疫苗，实在不行，可以剪它的指甲。这样"文化猫"便不会伤人了，还能给学生的生活增添趣味。

猫是一种爱干净的动物，它自己便会梳理毛发，保持清洁。所以"文化猫"身上并不会有太多细菌，所以不必担心细菌传染问题。

猫并不会随地大小便，且它的排泄物会成为周围植物的养分，有助于植物生长。

"文化猫"在校园中会与同学们游戏，增添了很多趣味。它会与周围同学们一起欣赏蓝天，会静静地看着水面，会若有所思，当然我们永远也不知道它的内心在想些什么。

它已习惯了此地的生活，这里的快乐。如果让它离去，它必然会不舍，它也是有感情的，它已对这个土地，对这一个地区的草花树木，对那水里的鱼，都有了深切的感情。如果它被领养，也许生活会不适应，会不喜欢，它依旧会思念这里。同学们也会想着它。

为什么不留下它作为校园的吉祥物？让它成为学校的风景吧！希望在图书馆中仍能看到它漫步的身影。

"文化猫"的下一站

郑城轩

在我校，有一只备受学生欢迎的"网红猫"。学校初建时，它就在这里定居，是我们的学长。它喜欢在图书馆里散步，喜欢在鱼池边戏水。它是做完功课后的放松神器，是图书馆中的"文化猫"。它是我们的好友，也是学校的吉祥物。

最近，听说它成了学校里的"通缉犯"。我想起了我与它的第一次遇见。那是一节周五的体育课，我走过小水塘，发现它坐在池中用石块垒成的桥上，任凭水洒在它光滑的毛上，形成暗暗的灰斑。多么惬意的一只猫啊！坐得久了，它又做起了高难度的瑜伽动作。我们看到后，忍俊不禁，纷纷效仿。它睁眼，看着一群痴迷于它的小学弟，面无表情，气定神闲。

它已习惯这里的生活。

它该去哪儿？留？走？

留，一定要留！多可爱的生灵啊！它定不喜欢四海为家的生活。请学校不必担心，船到桥头自然直。我们可以把猫送去打疫苗，学校对面就有一家宠物店，十分方便。有些小学生，可能会下手没轻没重，会引起小猫的反击，但他们一定很喜欢小猫。只要进行适当的教育，他们一定能与小猫成为好朋友。

请把小猫留下来吧！我们早已习惯了它午后懒洋洋的身影，习惯了它在图书馆陪伴我们读书学习。我们只是这所学校中匆匆而过的旅人，而它将是旅店中的永久住客，是我们未来回校后的笑谈。

"文化猫"的下一站——学校。

写给余老师的一封信

汪婧平

敬爱的余老师：

您好！

我是本校一名学生。近几月，一只小猫的出现可能让您很是头痛，虽只是一只花猫，却有着极大的安全隐患与卫生等方面的问题。但是，听说您要把它驱逐出境，我们都非常舍不得，您可不可以不要这样做呢？

我们知道，这样可能让负责学校安全的您有些为难！不过，猫真的是十分可爱的一种动物。它很温顺，不会轻易伤害他人，只要稍加驯服，猫便会有自己的理智，看到小学生就会躲开，也会找适合的地方排泄。如果小猫真的离开了我们，就好像学校一夜之间就失去了生机，图书馆也少了温馨感。

我们都想让小猫留下，同时也愿意为学校服务，所以大家共同想出了以下几个方法。

首先，对于小学生，我们可以加强教育，让他们不要做出容易让猫动怒的举动，这样既保护了学生的安全，也让学生知道以后人生道路上发生了类似的事情该怎么做。

我们还可以从猫入手，带它去打疫苗，定期帮它修剪指甲。经费方面，我们都愿意为此分担，因为我们愿意像家人一样对待它。

其实，让一个人管管它也不错。小猫不是经常待在图书馆吗？我们可以辛苦一下图书馆的阿姨，让她教教它，让它好好与小朋友相处。不行的话，可以按时间段限制猫的活动范围。小猫一定会听话的，阿姨也一定会喜欢它的。

我们之所以为小猫说话，是因为我们真的十分喜爱它。它有鹅黄的眼睛，黑白黄相间的毛，长得很是俊俏。最重要的是，猫是一种有灵气的动物，您和它走得近了，就会发现它很乖，很听话，它会看主人的面色，它会经常蜷缩在您的怀里，对您亲密地笑着，会轻轻地舔着您的脸。当你抚摸它的时候，它就会高兴地打滚儿。当你不高兴的时候，它也会不开心，但它会默默地站在您身边，陪着您。猫是有灵性的动物，如果你用另一种眼光看待，就会发现的。既然这样，对于和它玩熟的小朋友就会自有分寸。

老师和家长常教育我们要关爱弱小，善待生命，要有爱。您是两个孩子的父亲，一定很有爱。如果让小猫失去了依赖的地方，它就失去了生存的家园，只能流浪。在和平的年代，不应该出现这样的现象，若猫是您的孩子的话，您一定不会让这样的事情发生。

生命只有一条，办法却有很多。对于生命，我们就应尽最大的能力挽留，哪怕是一只小猫。

所以，再次恳切地请求您，让小猫留下来吧！

请三思而行。

此致

敬礼！

一名学生
2017年11月30日

致姜老师的一封信

徐娱争

亲爱的姜老师：

　　您好！

　　我是徐娱争。听郑老师说，您想领养图书馆的那只小猫。我见过它很多次，非常喜欢，所以我也想领养。

　　我非常爱猫，家中也有很多次养猫的经历。我平常住校，所以养猫是我妈妈负责。因为我妈妈通常一个人在家，她非常喜欢小动物。她对待小动物非常和善，从不打骂它们，而且三餐准时喂。什么可以吃，什么不可以吃，她都了如指掌。以前，我家的一只猫生了重病，我妈着急得不行，东忙西忙，带它去看医生，顿顿喂药，照顾得仔细周到，最后那只猫是安详地老死的。继那只猫后，妈妈养过小狗、小兔。但是妈妈常跟我说，还是小猫可爱。我家住在莲花镇，一个空气清新的小镇，我家隔壁也有小猫小狗，都是小小的，非常和善。因此，不必担心会有动物欺负它。我家养的动物绝不会露宿于外，在客厅有专门的动物睡垫，有食物碗，用于盛放牛奶、水、猫粮、狗粮。这些都是以前留下的，所以猫是不会挨饿受冻的。

　　如果您想要小动物去陪陪老人，那肯定是小狗最合适不过了。小狗是最忠诚的，随呼随到，而猫是偏于孤傲的，轻轻打几下或是哪里照顾不周到，它就会夜不归宿，对你不理不睬的。

最后，我衷心地希望您能放心地将小猫托付于我，我会给它一个简单、舒适，甚至可以让它在书架上活蹦乱跳，在书堆上睡觉的环境。我会好好地照顾它。

祝善心可得到回报，事业更上一层楼。

此致

敬礼！

徐娱争

2017年11月30日

同桌的你

姜秀恩

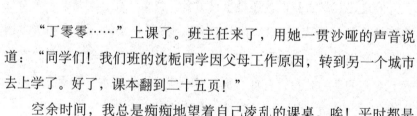

"丁零零……"上课了。班主任来了，用她一贯沙哑的声音说道："同学们！我们班的沈栀同学因父母工作原因，转到另一个城市去上学了。好了，课本翻到二十五页！"

空余时间，我总是痴痴地望着自己凌乱的课桌。唉！平时都是她帮我整理的。她总是喜欢拽我头发，指着杂志上的明星说："怎么样？漂亮吧？""不错！"我满意地点点头，"不过和我同桌比，差远了。"说到这，她就会神气起来。"哟！你这小姑娘眼光不错，走，本小姐请你吃冰棍！"说完，她就如脱缰的野马，冲到小店："老板，两根冰棍，一根草莓的，一根巧克力的！"

不仅如此，她还总会偷看我写作文。"亲爱的好同桌，作文借我参考一下呗！"而我，则会铁面无私地对她说："参考就是抄，一边去！""看来，要使用我的美少女必杀技了。"说着，她撸撸袖子，我假装颤声："怎么，大姐？这是要动粗吗？"没想到，她竟揪揪我的衣袖，发出娇柔的声音，嘟起她的樱桃小嘴，眨一眨那水灵灵的大眼睛，给我暗送秋波。果然，还是经不起如此致命的诱惑。"拿去，拿去！"我故作不耐烦。"还是姐姐最好！"

与她相处的一幕幕往事，清晰地浮现在眼前。沈栀，你还记得我们那些美丽的往事吗？远方的你，还好吗？

有你，真好

毛艳欣

曾经好多次，想提笔记录下这段真实，却无论如何也找不到哪里才是起点。

是经历的太多，还是记忆太模糊？如果说时间可以用长度来衡量的话，那你陪我一起走过的岁月，一定是友谊尺上最长的一段。

其实，当我们不约而同地一起回到宿舍，当我把内心里那个"阳光"的秘密全部告诉你时，就注定了你我今生的缘分。

　　我们一同走过的日子，平淡却真实，安静也疯狂。时光无情地飞走，如果一定要我抓住什么，那一定是你我曾经的真情与执着，是我们曾经的欢乐与悲伤。

　　不需要太多的语言，只要静静地靠在彼此身边，倾听着，就能够感受到彼此心跳的速度。也不需要伪装掩饰，在你面前，我可以笑得前仰后合，直到肚子痛。也可以哭得稀里哗啦，直到把所有的委屈都随着泪水流尽。

　　我永远都不会忘记，在校园里，操场上，栏杆旁，花坛边，一起散步，一起聊天，轻轻地唱着歌，说着彼此的开心与难过。

　　其实我知道，我一直是个任性的女孩儿。可是自始至终，你都会由着我的性子来。我要离开教室时，你宁可放下手中还未完成的作业；我不想离开教室时，你又会静静地在一旁等我忙完。任我胡吹八扯，你总是笑着，你是我最忠诚的倾听者。

　　不会忘记，一起走过的路；不会忘记，一同唱过的歌；不会忘记，那段手牵手的岁月。

　　有你，真好。

078

遇见你，很幸运

严文璐

　　想起牵手走过的路：校园的小径，校外的街道。望着同一片蓝天，说着心中的"秘密"，不禁感叹——与你相遇，好幸运。

"没有我，你怎么办？"

"对呀，所以我不能没有你。"

"那就做一辈子好朋友！"

"牵着你的手，风雨一同走。"

一次，我身体不舒服，要请假回家。当我拿着请假条，准备出校时，你突然跑过来，像变戏法一样拿出一张请假条。"肚子痛？"显然这家伙谎称自己身体不适。

"你请假了？为了陪我？"

"啧啧啧，我会为了你？我纯粹想出来玩。"

对于你这个漏洞百出的谎言，我没有戳破，但是不代表我不知道。你自认为很好的谎话，在对你了如指掌的我面前，自然不堪一击。这句玩笑比"承诺""海誓山盟"来得更加真实。

那天，我俩的影子被晚霞拉得很长很长。我们走得很慢很慢，谈了很多很多。一种好似心心相印的情愫，在不知不觉中静静地发芽开花。

从此，习惯了你的微笑，习惯了你的唠叨，习惯了有你的日子。

与你相遇，好幸运，一定要珍惜。

079

一本写不完的日记——友谊

吴心怡

这一刻，莫名地想念你。

那年，我妈要我转学，我们不得不分别。

离开的那个晚上，你说，在同学中，你最放心不下的就是我。我的眼眶瞬间红了，又想一句歌词："曾经并肩往前的伙伴，在举杯祝福后都走散，只是那个夜晚，我深深的都留藏在心坎。"

你移开目光，告诉我："你要学会面对离别，这种事以后还会发生。"此时的你早已是个泪人，肩膀微微颤抖。

到现在，这一幕依然深深铭刻在我心中。虽然我们现在依然有联系。可是，每一刻我都抑制着自己不去想念你。每次从睡梦中醒来，都发现枕头一片湿润，我反复安慰自己——至少我们曾经并肩同行。

我愿你的世界里天天都是好天气，即使忘了带伞也要告诉自己：宝宝今天偏要淋雨，原来驱赶阴霾的太阳是明媚的自己。

愿你每次的流泪都是喜极而泣，愿你筋疲力尽时有树可倚，愿你学会释怀后一身轻。

不枉少年

姜思琪

"把交友圈子缩小，把口头禅变干净，把成绩往上提，把故事往心里收一收。现在想的以后都会有的。"姐姐的这句无奈而不失语重心长的话，不知道说过几次了。她还说："不要枉少年！"可我总是野得像风，傲得像光，对现在容易满足，对以后不加多想。我就像井底之蛙目光短浅，没有目标，没有要求，也不曾对自己下过什么死命令，总是懵懵懂懂的。那么多年过去，回忆起来，没有几件事情是自己拿得出手，可以作为正面谈资的。看着同学谈论他们自己曾经的"得失荣辱"，失落之情油然而生：我是否枉少年？"八十五分！你怎么考的！"望着老师满脸的失望，我无动于衷。

　　"你知不知道，平均分有八十七点五！"话音刚落，心里空了一拍。我以为八十五分的我还会是第一或者第二名的……这回，我被第一次叫家长，被叫第一次写检讨，也是第一次被骂得狗血淋头。那天的风也吹得很无力。之后，老师给了我看了别班的成绩。我忽然发现，原来人外有人，天外有天，我也只是很平凡的那一个。蓦然回首，很感谢那个老师。他让我"茅塞顿开"，让我不再虚度光阴，目光短浅。他让我看见了远方……我是否枉少年？不！我庄严承诺：要做最好的自己，不虚度年华，不辜负时光！

初尝责任感

姜轩婷

　　2012年的夏天，一个小生命降临这个世界！我是多么喜欢他。

　　"家里真好啊！"今天妈妈要回来了，没想到这么快！我带着激动的心情小跑过去，看妈妈和弟弟。"我的天！好丑啊！"我第一眼看到弟弟的感觉便是这样的。但是他让我懂得了什么是责任。小孩子总是长得很快。他的身高，不知不觉的已经到了我的腰间。他的成长也伴随着我的成长，我从一个懵懂的小女孩儿变成一个有责任感的姐姐。爸爸妈妈白天要上班，弟弟也只好由我来带。弟弟很淘气，他总是喜欢在我做作业时来捣乱。他喜欢跟着我做同样的事情：我看书，他也看书；我写字，他也拿起我的笔写字。这让我觉得烦不胜烦。去年暑假，我一整个假期都在带弟弟。"姐姐，你在干吗？"弟弟用他稚嫩的语气对我说。"做作业啊！"我回答道。"那我也要做。"那你坐在旁边画画，姐姐给你拿支笔，好吗？"嗯……"但是，没过多久。他又要来烦我。很执着地将他画的画给我看。但是我很敷衍地对他说："真好看！"不知怎么的弟弟却哭了。我开始烦躁起来了，我蹲在地上，抱头痛哭，不料弟弟却用他的手擦擦鼻涕、擦擦泪的，不哭了。我想我真的错了。事后，我终于明白弟弟才多大啊！他只不过是想让我看看他画的画，而我却……这个暑假让我学会了如何当姐姐。我觉得责任感是甜蜜的。

082

滚蛋吧，烦恼

姜婉仪

读五年级的时候，我是一个爱笑的幽默的女孩儿。

可是有一天，一切都变了。那天，照镜子，发现脸上不知怎么长了许多雀斑，这无疑毁了我的脸，我特别伤心，几乎不敢走出房间，更别说去学校了。

我跟妈妈说我不想去上学，可妈妈用尽一切办法，她居然拿我最喜欢的泰迪熊当"挡箭牌"。她说，如果不去学校的话，她就把我所

有的玩具都丢掉，我十分不服气地答应了她。

那时正值夏天，由于不想让同学们看见我这个样子，我就围了一条围巾。我忐忑不安地走进校门，大家都用奇异的眼光看着我，我觉得特别不舒服，就赶紧跑进教室里。我一坐下来，同学就一个个地来问我，说："你怎么了？这么热的天，还围着这么厚的围巾，脑子烧坏了吧？"他们问我各种各样的问题，我都只用简单的"嗯""是的"或"不是"等短语应付。我实在受不了这种场面，就很生气地跑到了操场上。

天正下着毛毛细雨，我就抬头对天空说："怎么连你也欺负我，我都这样了，你还下雨，太坏了，哼！"由于说得太大声、太用力，结果把自己给呛到了，我躲在一栋房子的屋檐下哭了出来。

突然，我面前站了一个身材修长、貌美如花、才华盖世的女人！不错，这就是我的语文老师。她简直是我的女神。班里，甚至整个学校的人都夸她，她可是人气爆表。我抬头望着她。

"怎么了，一个人躲在这里哭啊，发生什么事了吗？"她的话让我觉得十分暖心。

我说："我脸上长得很难看的东西，怎么去也去不掉。"我哭丧着脸说。

老师说："只要你每天开开心心的，就像往常的你一样，它自然会消失，这根本就不算什么，你一定要战胜它。"

"嗯！"听了她的话后，我立刻把眼泪擦掉，不假思索地答应了她，仿佛有魔力一般，我不由自主地被她牵引。接着我就对自己说："只不过就是长雀斑而已，有什么大不了的。我就是我，做自己就好。滚蛋吧，烦恼！"

自从那件事后，我明白了，其实长雀斑不算什么。只要快乐每一天，保持良好心态，迎接你的将会是美好的每一天！

牵一只蜗牛云散步

　　我的家乡有一个奇妙的森林，我只去过一次，但它在我心中却留下了不可磨灭的印象。

　　那里的水真清澈啊，蓝莹莹的天倒映在水中，偶尔几只飞鸟掠过。那水的声音真美妙啊，叮咚叮咚，清脆悦耳，好像一串风铃遇见了一阵风。走在林中，听听声，看看水，真是十足的享受，仿佛误入了仙境。

爱，就在一瞬间

姜晓慧

母爱如火，母爱最无私。是母亲冒着生命危险把我们生了下来，是母亲无微不至地照顾我们。

那一次，在学校上课，那是一个飞雪飘飘的天气。放学铃响了，别的父母亲都来接他们的孩子。我站在校门口，四处张望着。看了好久，学生陆陆续续地被他们的家长接走。我非常伤心，校门口只剩下我一个人孤单的身影。

突然，远处有一个模糊的小点，随着距离的拉近，我才发现那是妈妈。到校门口的时候，妈妈一脸歉意地说："对不起啊，因为临时加班，所以这么晚才来接你。""没事没事，妈妈你来了就好。"我欣喜地说道。这时才发现妈妈的手被冻得通红，脸上也是一样，额头上仿佛又多了几道皱纹。岁月不饶人，我一天天地长大，而妈妈却一天天地衰老。时间也夺去了她原本姣好的容貌。但在我心里，妈妈永远是最美的。

妈妈对我说："赶快上车吧，小心感冒。"我上了车，妈妈把她的外衣给我，叫我披上。我说道："那妈妈你呢？你穿什么？"妈妈笑着说："我没事，我不冷，最重要的是你别感冒就好。"

一路上寒风刺骨，即使我披着妈妈给我的外衣，还是感觉很冷，更别说妈妈了。回到家后，我看见妈妈瑟瑟发抖，刚想说什么，妈妈似乎是看出了我的心思，便抢着说："我没事，你不用担心，赶快去做作业吧。""我……"我转过身，眼睛里湿湿的。之后妈妈感冒了，我知道都是因为我。

爱，不需要太多语言。一个小小的举动就足以让你的心灵感到温暖，那就是无私的付出。

背　影

程毅江

明明已经是夏天了，今天的雨却出奇的大，也出奇的冷。

这种天气，路上空荡荡的，没有一个行人。正当我准备收回目光的时候，路上出现了一个中年妇女，不，是一位母亲！她正赤着脚背着他的女儿，一步步艰难地走着。密集的雨幕模糊了她的视线，她只能低着头一步一步向前摸索。

我愣了很久，一直怔怔地望着她们母女俩，脑海中浮现了无数个关于她们的故事。但我最认同的还是这个——女儿放假了，母女两个本该去公园好好玩一次。可女儿却突然晕倒。身边没有熟人，心急如焚的母亲只好背上女儿去医院。

碍事的高跟鞋让她跑得有些吃力，她便脱掉高跟鞋，丢在一边，背着女儿赶去医院……我已经很多次想要上去为她们打伞了，想问问她们"有什么是我能帮忙的"。

可是想总归是想，双腿却像是钉在了地上一样，怎么也迈不出那一步。本来咬咬牙准备走过去，可是又把已经伸出去的脚收了回来。思想斗争很激烈，尽管我自己也不明白为什么。看着那位母亲瘦小的背影消失在拐角处，心中的失落感浮现出来。也不知又过了多久，我终于下定决心，可当我想要去找她们时，却再也找不到他们的身影了……

母女俩已经走出了我的视野，但那位母亲对女儿的爱却久久震撼着我，也温暖着我。

走近你，感受你

姜海珍

在我一两岁时，父母因为工作原因，把我从老家带到了杭州。我在那儿生活了七年。七岁时，我得上小学了，母亲便把我带回了江山——这个我熟悉而又陌生的小县城。

江山的空气中带着一股清凉的感觉，透着香甜的滋味。而且这里车不多，自然不像杭州那样充满汽车鸣笛的喧嚣声。街上的人们透着一股从容、安定。偶尔遇到了熟人，隔着老远也要用亲切的乡音打个招呼。就连城乡公交车上也充满了浓浓的人情味。车上的人们畅快地聊着：谁家的女儿嫁人了，谁家的儿子考上大学了，这个季节该种什么菜了……看着这热闹亲切的场面，我不禁扬起嘴角。这个小城，不大，但很温暖。

我住的村子，道路两旁是两行整齐的大树，它们是村子的守护者，正直忠诚。一声声犬吠与鸡鸣是动听的乡村曲，美妙亲切。

每到节日，村里会举行运动会，有拔河、长跑、短跑、乒乓球等项目。在运动会中，欢笑声真是一阵接一阵。看着熟悉的慢性子邻居一下子展露出矫健轻捷的身姿，看着沉稳的亲戚拔河时龇牙咧嘴使劲儿的拼命样儿，看着平时不显山露水的妈妈们在乒乓球台上完美的绝杀，孩子们欢呼，村民们鼓掌。

我的家乡，美丽，热闹！

别让父母等太久

杨欣怡

以前，父母总会调侃："天！这书还怎么读下去嘞。"每次我都感觉莫大的痛苦，独自一人将自己蒙盖在被子里，想象父母悄悄在门后失落叹气的神情。其实我宁愿他们打我、骂我，也不愿看到他们失望的眼神。可是他们没有，他们只是转过身去，无奈地叹口气，摇摇头。

同时，我也害怕看到他们羡慕的眼神，羡慕地看着人家的孩子，又满怀期待地看着我，希望我也能成为他们骄傲的资本。

我也盼望过，幻想过。经历了那么多次失败，辜负了那么多期望，但心里从没有放弃过一个追求：总有一天我也会让你们为我骄傲的！终于在那次，那次考试我破天荒拿了个班级第一。当晚，我忍不住打了校讯通给老爸，告诉他这件事。他在电话那头也乐得不行。放学回家，邻居告诉我说："你爸爸说这次你考得好，要给你做好菜吃。"当时，我心里乐滋滋的，老爸头一次在别人面前夸我。

果不其然，当晚的菜色确实很好。饭桌上，爸妈的嘴角一直是上扬的。那晚，我和母亲睡，她仍然不停地念叨，不停地说着我越来越懂事了。可是说着说着，她竟哽咽了，我知道，是我让她等太久了！我们总该长大，总该学着去成长。生命太短，没时间让我们每天带着遗憾醒来。如果想歪了，思想不正了，叛逆了，就回头吧，趁天还未黑，趁阳光还在，在该奋斗的年龄，不要选择安逸。

记得，要给父母骄傲的资本，别让他们等太久。

父爱无言

朱文宇

"春儿，雨衣披好了吗？会不会淋到雨？"

"嗯，披好了，不会的。"我回答道。

"你冷的话，就靠到我背上来。"爸爸说。

"好的。"我回应道。

我侧着头靠在爸爸的背上，眼睛看着被风吹得如同波浪般的雨衣，耳边响着呼呼的风声和雨点砸在衣雨上的巨大的啪啪声。

我整个人被包在雨衣里，连头也没有露出来，这样我根本一点儿也不冷。

"你有没有把雨衣披好？脚会不会被淋到？"爸爸带有很重鼻音的声音再次响起。"嗯！没有被淋到。"我再次回答。可爸爸似乎有点儿不相信，艰难地用一只手，来控制在狂风暴雨中行驶的电瓶车，而用另一只手摸了下我的裤腿，确认一下我是否真没有被雨淋到。

到了终点站——家，我身体向一边滑，一脚点地，另一只脚也跟着安全着陆。比起我的下车方式，爸爸的下车方式明显慢多了。他先用僵硬的手把头盔取下来，然后再把堆积在雨衣前面的雨水倾倒掉，再把雨衣慢慢从身上脱下来，然后一只脚先着地，两只手扶着电瓶车，另一只脚才慢慢着地。

在这过程中，爸爸的呼吸声很重。我没有发现，而是和平常一样，走到鞋架那儿换了鞋，跑到楼上去了。大概过了几分钟，爸爸在楼下对我说："春儿，你把暖手宝的电充起来，然后拿下来。""哦，好的。"我跑下楼去拿暖手宝，心里还奇怪：这不是一直放在楼上的吗？我没多想，就上楼了。等电充满，把它拿到爸爸的房间，发现爸爸正在床上睡觉，呼吸声很重，还时不时咳嗽。

妈妈回来了，我惊喜地发现，几乎从来不下厨的妈妈今天居然下厨啦，菜做好了，妈妈就让我去盛点儿饭菜，拿给爸爸吃。后来我才知道爸爸那天重感冒发烧，后来因为来学校接我，烧得更严重了！粗心的我却没有发现！

父亲，你沉默着，爱，就在你的沉默了。

勤俭节约的江山人

傅瑛琪

了解一个城市，得了解这个城市里的人；了解这个城市里的人，得知道他们的家风是怎样的。在我们家，甚至我们村，我体会到的家风都包括这一条——勤俭节约。

记得小时候，我吃饭总是挑三拣四。有一次，挑完了我最喜欢吃的菜，草草吃了两口饭就放下了还剩下大半碗饭的碗，准备回房间了。这时，只听见妈妈厉声说："你给我回来，饭没有吃完哪里也不准去！"我嘟着嘴，站着不动，看着妈妈的脸色越来越凝重，眉头紧锁，我心里很害怕，我还是第一次见妈妈这样。可我仍不以为意地说："哎呀！不就一儿点米嘛，我们家又没有那么穷！"

"啪！"妈妈重重地打了我一巴掌，巴掌声很清脆。我立马哭了，头也不回头地跑进了自己的房间，"砰"的一声关上了房门，闷在被子里痛哭。

到了晚上，我心情稍缓，肚子也不争气地叫唤了。刚想偷偷出去找吃的，便听到几声敲门声，接着传来妈妈温柔的声音："你开门，我跟你谈谈。"

我极不情愿地打开了门，一抬头便看见一碗热腾腾的面。"饿了吧？快吃！"我立马把它端了过来，狼吞虎咽地吃了起来。

吃完面后，我尴尬地坐在书桌前，手脚都不知道往哪里放了。这时，妈妈把手放我头上摸了摸，柔声说："你要知道，不浪费粮食，不是因为我们家穷，而是因为这是做人的根本。一个人再富有，如果坐吃山空，不节约，不劳动。那些荣华富贵迟早会没有的。像我小时候，天天早起去割猪草，下了课要赶回家做饭。有一段时间，家里缺粮，大家把谷子的皮拿出来晒，看看还有没有米，还要天天去摘野菜吃。而你们呢？这么好的物质条件，这么好的学习环境，还不好好珍惜。女儿，我们家是不穷，但也没有富到哪里去。我生气打你是因为你挑三拣四，太过于浪费，以后吃多少盛多少，明白了吗？"

听了妈妈的话，我知道了妈妈的艰辛，明白了自己的错误。我哽咽着说道："妈妈，我知道错了，我再也不浪费食物了！"

我一抬头，发现妈妈微笑着，那一刻，我感觉我是这个世界上最幸福的人。

在我家，我奶奶、外婆也是这样的勤俭节约。我们村子里的人们，也是同样。这就是我们——拥有勤俭节约好传统的江山人。

牵一只蜗牛云散步

刘家豪

我的家乡有一个奇妙的森林，我只去过一次，但它在我心中却留下了不可磨灭的印象。

那里的水真清澈啊，蓝莹莹的天倒映在水中，偶尔几只飞鸟掠过。那水的声音真美妙啊，叮咚叮咚，清脆悦耳，好像一串风铃遇见了一阵风。走在林中，听听声，看看水，真是十足的享受，仿佛误入了仙境。

林中的云雾千姿百态。时而幻化出一只怒吼的大狮子，时而幻化成一只蹲在家门口等着主人归来的小狗，再走近点儿看，又像一个人聚精会神地看着手上的书。苏轼在诗中说："横看成岭侧成峰，远近高低各不同。"这些千变万化的雾又何尝不是如此呢？

森林尽头的山也是一处奇景。那山没有巍峨的雄姿，也没有清秀的模样，只有一处处嶙峋的怪石。有的石头像三角塔，静静地立着。有的像两只牛角，气势汹汹，好像随时要撞向哪里。有的像随时准备发射的火箭，巨大挺拔。到了这儿，随便哪块石头都值得细细品一品，充分发挥我们的想象力。

在这里，可以欣赏美景，可以让自己的想象插上翅膀，可以领略大自然的无穷奥妙。奇妙森林，着实奇妙！我爱这家乡的景色！

094

爱江山，更爱淳朴民风

饶杨慧

"江山"，这是多么简单的字眼，但是这儿却有大好山河，"江"，是清澈见底的江流；"山"，是高耸入云的山峰。我的家乡就在江山。江山不像上海那样的繁华，也不像西藏那样的草原风光，但是她在我心中永远美丽、淳朴。

在江山，随处可见风景名胜，不过最有名的当属江郎山。站在江郎山山脚下，远远往山上看去，入目皆是生机。仔细看，还可以看到三座山峰。三座山峰聚在一块儿，恰好构成一个"山"字，妙哉！传说这三座山峰是江郎三兄弟为了保卫家乡，常年伫立守卫在此，经风吹雨打，最后化成三座挺拔的山。自然秀丽的景色，配上这古老的传说，更添一分神秘动人。

领略了美景，更应该领略我们江山淳朴的民风！

春阳下，村里老人坐在屋前晒太阳，老人们也禁不住暖暖春阳的诱惑，他们缓慢踱出门来，扎堆似的聚在一起，说着陈年往事，感受着阳光的暖意。有游客经过时，老人们会对着游人展露出朴实的笑容，甚至挥手打个招呼，问声去哪儿。

邻里间的融洽在每天都能见到。今天这家煮了好吃的，马上就会用小碗分给邻居尝尝鲜。隔天那家的闺女从城里捎来了好吃的，隔壁几家的桌上也会出现。谁家要是出了什么事，伸出援手那就更不在话下了。邻里团结友爱，大家互帮互助，这就是我们江山人！

江山，我的家乡，你山清水秀，风景优美；你民风淳朴，人人为善，让我怎能不爱你呢？

门前那片绿草地

李家豪

去年春天，我家门前的一小块空地上冒出了星星点点的小草芽，初时我还没怎么在意，到了夏天，那几点小草芽子竟然长成了一片茂盛的小草坪了，很是引人注目。

炎炎夏日，看着这鲜嫩的发着绿光的小草毯，仿佛能感到丝丝清凉。这片小草地伴着我度过了酷热的夏日。

日子不知不觉过去，一天早晨打开房门时，一阵突如其来的寒风让我不禁打了个寒战。对呀，昨天妈妈说，今天是立冬了。这么冷的天气，小草会不会冻死呢？我忙大步跨出门去看小草。这时的小草已没有了翠绿的颜色，暗绿中带着枯黄，不过仍有一大片。在凛冽的寒风中，小草竟然仍然挺着腰杆，随风摆动。我似乎感觉它们在对我说："放心吧，我们很好，你不用担心，这点儿寒风冻不死我们。"

从这以后，我每天都会看看这片小草坪。我发现，只要还有一抹绿色，它们就那样挺立着，无惧风霜。可是，枯黄还是一点点染上了这片曾经绿油油的小毯。冬天快过去了，这片小草完全变成了一蓬蓬枯黄的干草，枯瘦的草茎仍那样立着，只是没了生机。

"妈妈，我们家门口的小草被冻死了吗？"我担心地问妈妈。妈妈摸摸我的头说："傻孩子，别担心，时间会告诉你答案，别忘了观察它们。"

日子一天天过去，东风来了。仿佛就在一夜间，我又看到了我家门前长出了星星点点的嫩黄色的小草芽子……

我知道，这片小草地将会陪着我度过一个个春夏秋冬。它们也时时刻刻提醒我：不要惧怕任何困难，只要根在，只要我们的精神在，希望就一直存在。

拥抱孤独

饶杨慧

在学校里，你是一个孤独的人呢，还是一个受大家欢迎的香饽饽呢？我想每个人都希望自己被大家喜欢，被众星拱月吧！但是我不想，我更喜欢一个人独处。

以前的我因成绩好，身边总围着许多人。他们问我问题，和我一起嬉戏，我们连上厕所也是成群结队的。那时的我，如众星拱月，不知孤独是何味。

有一次中餐，我吃得最快，就第一个走出了食堂。一个人走在回班级的小道上，没有了身边同学的喧闹声，我的心好像也安静了下来。蓦然，就那么一阵，我竟然闻到了风里的花香味儿。

循着花香，我走到了不远处的花圃。花圃中种着一小片鲜红美艳的美人蕉。我绕着花圃走了一圈，红艳的花朵娇艳欲滴，碧绿的叶子衬得花朵愈发娇艳，几滴调皮的水珠滚动在宽大的叶片上，晶莹剔透，在冬日的暖阳中，一闪一闪的。哇，太美了！以前处在人群中的我从没细细地看过身边的美景，我是错过了多少美呀！

从此，我爱上了独处。爱上了一个人吃饭，一个人观景，一个人看书。身边的朋友总说，这是多么寂寞啊！可我却觉得，这也是一种难得的体验。

一个人安静地看书时，我仿佛跟着斗战胜佛一起上天摘蟠桃，入地随八戒、沙僧嬉闹，随唐僧西天取经；还能和鲁迅一起领略百草园中的无限乐趣，陪他去看热闹的五猖会……

看书看倦了，抬头仰望一下天空。看白云悠闲地飘荡在蓝天中，小鸟时而一掠而过，时而悠然缓行，最后停息在大树上。树上的落叶偶会飘落下来，不禁让人想起"落红不是无情物，化作春泥更护花"。耳畔鸟鸣声不绝，清脆动听。一切都是这么美好！这就是独处时特有的乐趣。

孤独是美丽的，置身其中，能使身心放松，感到从来没有过的轻松与宁静。我想拥抱孤独。

我爱上了冬天

周 琳

我不爱冬天。真的，不爱。它拥有一副纯洁无瑕的高冷面容，令人不敢靠近；它积了一层又一层厚厚的白雪，令人无法深究；它咆哮着呼喊着，像一位疯了的巨人，要让万物臣服于脚下。它的凛冽、凶悍让我害怕。

可是，对于事物的认知总是会随着时间的推移而改变，我也不例外。

又是一年年末。唉，冬天又来了。又是带着卷地呼啸的狂风，一路狂奔。大风刮了许久，雪也下了许久。直到第三天的黎明，曙光按时唤醒大地，柔和舒缓，看着也暖心。

我出门迎接这暖人的冬阳。忽见路旁灌木丛顶端冒了绿芽。那绿芽矮矮的、小小的、细细的，在一片白色中格外醒目。那是一种让人心疼的弱小。忽地，刮起了一阵风，很冷。风带动了竹叶，竹叶摇晃带动了冰碴儿，"哗啦"一声砸在芽上，它可是弱不禁风的吧。我慌忙跑去，扒开雪，不承想这小东西没被压断，还直直地向上。那新绿被水一浸，绿得愈发耀眼，在阳光的照射下熠熠生辉。霎时，山林间仿佛掩藏着许多的生命小精灵。我想：他们是在为山林驱走冬天的阴霾，带来春天的灿烂与生机吧！

原来冬天是行走在春天前面的巨人，是它的领路人。冬天孕育着生机，等待春天的召唤。

散　步

汪　祺

天气晴朗，正适合散散步，而田间小路也似乎读懂了我心之所念，招招手邀我。不忍拒它好意，我便抛却一切轻装上路。

周围是望不到边的田野，空旷无比。午后阳光灿烂，一抹抹的绿竟也镀上了一个个闪亮的光点，无比耀眼地映在我的眼中。

田垄高高隆起，长着一丛又一丛的花草。它们茂密地生长，抖擞地立在那里。偶然一瞥，也许能发现一抹遗落在田间的美好。它不似温室中的娇弱，却多了一分野性和不屈。旁边的油菜花自然也不肯认输，一片嫩黄色的花海，一片嫩黄色的生机，一片嫩黄色的震撼。

　　一阵微风轻拂，脸上不禁有了笑意，心里也觉得痒痒的，想去拥抱这清风。风在耳边吹着的声音，就像亲密的恋人在耳边轻轻呢喃。而绿意盎然的它们也在微风中起起伏伏地摇曳着，轻舞着。咦，那移动的"白花瓣"是什么？定睛一看，原是一只流连在花丛觅食的白蝴蝶。它洁白的翅膀，轻盈地飞舞，让我忍不住去靠近它。当我一靠近，它就似有所觉，快速地飞走，我紧紧追着它，追了好远。

　　手表"嘀"的一声将我拉回了现实，停下了追逐的脚步，压下心底的遗憾和不甘，我知道该上学去了。可我沉浸在周围风景的恬静之中，不能自拔。慢慢地挪动脚步，十分费力，似乎有千斤重似的，走在漫漫回校途中。

那道温暖的光

姜海珍

　　在我的脑海中，她会时时出现。她是个善解人意的人，好似一股清流，清澈见底；好似一股清风，无一丝杂念。她曾在我的人生中留下足迹……

　　她，就是小杨。

　　"喂，你们组的作业呢？"美术课代表问道。我结结巴巴地说道："等……等会儿，还有人没交。""哦。"她随口一应。

　　"怎么办，怎么办？我的作业忘做了。对了，既然我是组长，交给课代表之后，跟她说都做好不就得了！"我暗暗想。

我快步走到小杨身边，问她我这个方法怎么样——毕竟，我很信任她。她点了点头，嘱咐我得在美术课之前补起来。

第二天，美术老师在课上念作业没做好的人的名字，居然有我！此时，我虽已完成作业，但百口莫辩，跳进黄河也洗不清了！一股怒火直往上蹿。我心想：是小杨，肯定是她！一节课，我什么都听不进，看着手表上的时间一分一秒地过去。

"丁零零……"下课铃声响了，我像弹簧似的跳出了座位向小杨奔去，并示意她跟我到教室外。

"你怎么能这样，我把你当朋友才跟你说我作业没做，没想到你竟然告诉了课代表！卑鄙！你真狠毒！"我大吼大叫，将怒气全撒在了她身上。她先是愣了一下，然后心平气和地对我说："不是我，我知道后来你完成了作业，肯定不会去告诉课代表啊。"我气得说不出话就愤恨地离开了。

后来，美术课代表过来找我要作业，我顺口问了她是怎么知道我作业没做的，她说是她自己最后检查的时候发现的。我这才意识到自己是多么愚蠢！

101

"对不起，我搞清楚了，不是你。"我惭愧地对小杨说。我以为她会不理我，没想到她嘴角上扬，笑着说："没事，我们是朋友嘛！"

我急躁的时候，她总是笑着对我说："不着急，平心静气啊。"我遇到困难的时候，也是她第一个出现帮助我。

她，是我人生中的一道光，温暖了我。

她

姜梦诗

那是一个阳光明媚的日子，我转学来到了一个新学校。

刚到班级坐下，我便遇到了她。她不高，很瘦，扎着一个马尾辫，圆圆的脸上，缀着一双明亮的眼睛，嘴角一抿，就会出现两个小酒窝。玲珑可爱，这是我对她的第一印象。

中午在校吃饭的时候，我忘了带调羹。别人都去吃饭了，只有我傻傻地坐在班里，不知道该怎么办。

"你怎么还不去吃饭呢？"是她，早早吃好饭回来了。

"我……我忘了带调羹了，没东西吃饭。"

"哈哈，原来是这样，你早说呀，走，我的借你，去吃饭吧！"她边说边把自己的调羹递给我。

"算了吧，已经不早了，我还是不去了。"我害怕自己去晚了食堂阿姨不打给我。

她好像看出了我的心思，拽着我就跑去了食堂。"阿姨，我同学刚才没找着调羹，所以来晚了，您可以给她打一份吗？"她有礼貌地询问着窗口的阿姨。阿姨二话不说就打了一份饭递出来。她端起饭朝我走来，笑眯眯地说："快吃吧。"捧着那份饭，我心里暖暖的。

她虽是一个女生，却有着霸气的一面。我是语文课代表，每次收作业时，一个男生总是拖拖拉拉，害得我总被老师责怪。

一次，他又欠作业了，我催他时，还被他吼："催什么催？没看见我在做数学作业嘛！以为当个课代表就了不起了啊！"我又气又急，眼泪在眼眶里打转。

这时，她出现了，板着一张脸对那男生说："天天欠作业，你还有道理了？课代表还不是为了你着想，她完全可以直接把不交作业名单交给老师，让老师来批评你，哼，快道歉，不然，你等着瞧吧！"后来，那个男生向我道歉了，之后虽然也还会拖作业，但对我的态度却再也没有不耐烦了。

遇见她，我的生活从此绚烂多彩。遇见她，是我一生最美好的事情。

人间自有真情

傅瑛琪

一个晴朗的星期天，我拉着妈妈的衣袖一起逛街。

妈妈在试衣服，我欣赏着橱柜里琳琅满目的商品。

突然，我发现路边有一大群人围在一起叽叽喳喳地议论着什么，便跑了过去，挤进人群里，想看个究竟。

只见一个脸色苍白的小女孩儿倒在地上，脸上冒着豆大的汗珠，却一动也不动，好像睡着了一样。而围观的人，有的好像没有看见似的，在那里有说有笑；有的只是瞥了一眼便转身就走；还有些孩子像我一样，围在旁边看热闹。围观的人越来越多，有人说可能是小女孩儿太虚弱才晕倒的，有的说也许是中暑了，还有的说不会是突然得了什么疾病吧。"现在还有谁去做好事啊，你们没听说南京的'彭宇案'吗？"一个大叔一边说，一边拿着手机拍照。也许这句话说出了大家的心声，大家议论纷纷，可就是没有一个人伸出援手，因为大家都怕自己做了好事反而被赖上。时间一分一秒地过去，眼见太阳越来越毒，就在我为她担心的时候，从人群外挤进来一位四十岁左右、面目慈善、穿着朴素的阿姨。

只见她一边把女孩儿扶了起来，一边轻轻地拍着女孩儿的背，还掐了掐人中，口中不停地唤道："孩子，你醒醒，你醒醒啊！"经过一番忙活，女孩儿的身体这才猛地颤抖了一下，眼睛无力地睁开，虚弱呆滞地望着前方。

一位老奶奶也凑过来，仔细端详了女孩儿一眼，说："应该是中暑了。"听到是中暑，边上一位开理发店的姐姐拿了一杯温开水和两支藿香正气水过来，说："中暑了吃两支，喝杯水，应该会好些。"说完便喂女孩儿喝了。也许真的是药和水的作用，没一会儿，女孩儿就缓过来了，脸色没那么苍白了。见到女孩儿醒了，周围的人都露出了开心的笑脸。其实，人间爱心一直在。只要你我都相信有爱，生活便处处是阳光，阴暗将无处可藏。难道不是吗？

我好想长大

姜艺琳

小时候，我是爸爸妈妈的心头肉，含着怕化了，捧着怕摔了。每当爸爸妈妈不顺着我的意，我便开始大哭大闹。

后来，我上了小学，但我的脾气却变得越来越暴躁。有时候回家，我经常会和他们争吵。甚至，我会把自己锁在房间里许久，不喝水，不吃饭，跟他们斗气。

记得有一次，我竟然为了让爸爸妈妈满足自己的要求，还乱扔东西。

直到有那么一天——那铁块般的乌云笼罩在天地间。我回到家，却只见爸爸在匆忙地整理东西。我心里好像预料到什么坏事发生了，便着急地问爸爸："爸，妈妈呢？"只见爸爸皱着眉头，毫不理会我，只是拉着我的手向外走。我的心情越来越糟糕了，长这么大，我从未有过这样的急迫感。

过了许久，我们来到了医院，却发现妈妈躺在病床上。我当时真的不相信自己的眼睛。爸爸说她是平时太操劳了。是啊，她为了支撑起这个家，付出得太多太多了。我顿时意识到了自己的错误，我不该让她操心，不该与她斗气的！

看着病床上恹恹不语的妈妈，我真想挽回自己曾经做错的一切。

从小到大，我只知道埋怨父母没有给我最好的，却从来没有站在他们的角度去反省自己，更没有在他们辛劳之后递上一杯"热水"。

母爱如水，父爱如山。小时候我们总是觉得父母对我们好是应该的，却不会多去体谅他们，关心他们。这难道就是儿女应该做的吗？

我错了，我真的好想长大，我希望他们永远陪在我的身边，但是我明白——这是不可能的。每个人都不可能永远地活在这个世上，每一朵鲜花都不可能灿烂永久……

我好想长大！我好想陪爸爸妈妈度过每一分，每一秒，我要保护他们，让他们开心快乐，让他们不再那么辛苦！

第一次插秧

毛玉甜

望着田野里金灿灿的稻谷，我仿佛又回到了那年春天一家人一起插秧的情景。

春天，一个生机勃勃的季节。在乡村的林荫道旁，有风情万种的柳枝，生机盎然的绿地。我们一家人漫步在林荫小路上，尽情享受春风拂面的快感。很快，我们来到了秧田中。以前，我只在书上看到过农民伯伯插秧，一拿一放，谁不会呢！

很快，父母陆续下田。我看着那软软的泥土，就像巧克力酱似的，不禁想试试。

我脱下鞋子，下了田。很快，我的脚就没了进去，刚走几步，就有些累了。等我艰难地插下一排秧之后，看看父亲，却已经有三四排了，整齐得就像一排排军人在走正步。而我的，已经插成了"S"形，实在与这田间美景不太协调。

"原来看似简单的事情，做起来还真是不简单。"我喃喃地说道。

渐渐地，我熟练起来了，跟上了父母的节奏。那些秧苗在我眼中仿佛成了一个个动听的音符，谱写着一首优美的田间劳作歌。原来我插的秧苗也可以整齐！只要用心，努力地去对待，就不可能做不好。

时光飞逝，我在成长，那次插秧的经历却随着岁月的流逝愈来愈清晰。因为它告诉了我，一件事情不能只去看，只去想，得去动手，动脑，才能做好。

藏在心底的风景

姜丽娟

美的定义有很多种，鲜花芬芳是美，枝芽嫩绿是美，生活苦中作乐是美，生活无忧无虑也是美。但对于我来说，美似乎是有另外一层的含义。

那日，我独自打伞漫步在小路上。雨愈下愈大。大家向家的方向跑去。

在这群慌乱的人群中，我的目光锁定在一对父子身上。他们打着伞有说有笑，不紧不慢地往家的方向走去，脸上并没有显露出一丝慌乱的神情。挂在脸上的笑容似乎诉说着他们很享受这场突如其来的大雨。这对父子越走越远，父亲的身影越来越近。

我的父亲是个很勤劳的人。白天全身心地投入到工作中，下班的时候又会拿起锄头去地里。父亲的生活中总是有干不完的事情。即便到了节假日，别人打牌聊天，他仍会去锄地。而且还是很细心地照料着那些初生嫩苗，偶尔还会望着麦田发发呆。

记得有一次节假日我又看见父亲在干活，于是我便问他："爸爸，您是不是除了干活就不会再干其他的事情啦？"父亲听完，顿了顿，看了看我，说："谁说的？你和你姐姐都是我和你妈妈带大的，这么难的事都做了，你说我还会不会干其他的事了。"听父亲说完，我开始仔细观察我身边的这位父亲。岁月爬上了他的脸颊，汗水浸湿了他的衣衫，他的头发渐渐发白。可是勤劳的父亲仍旧细心呵护着那些娇嫩的小芽，直到它们慢慢长大。

对呀，这就如同父亲细心呵护我和姐姐一样，为了我们，他渐渐消耗了自己的青春。这，就是美啊。

父亲，是我心底一道永不逝去的风景。

遇见阳光

王鸿鹰

"啪！"我正要往外走呢，桌上一摞书却被碰得砸了下来。

"该死！"我恨恨地骂了句，蹲下来一本本捡书。"没一件事顺心的！"书那么多，我捡得都想哭了。压抑了两天，我觉得快要把自己逼疯了。

自从考试考砸之后，不只是成绩，简直是诸事不顺了。老师的批评、家长的失望让本就不佳的心情更加阴郁。为了点儿鸡毛蒜皮的小事和朋友闹翻了，但我觉得自己已经受够了。作业是写不进去了，做家务也状况连连：不是煮饭忘了插插头就是洗碗摔了碟子。难道我真的一无是处吗？

我把自己扔到床上，趴着轻轻地哭。

窗外连绵了三天的小雨还未停，天空阴霾着。有歌声传来，幽幽得像只鸟飞翔在阴沉的天空下。雨云在窗外的天空堆积，仿佛巍峨的黑色群山。

我忽然觉得冷了，从内至外。我猛地弹坐起来关掉了随机播放的音乐电台。我不知道自己为什么这样做，只是有些不敢听那么触动人心的曲调了。

我决心摆脱这一切，并马上动手了。我盯着电脑，想着不如先换张桌面吧。现在那张是清冷的古风夜景，题了纳兰性德的《齐天乐·上元》，很美，却有些压抑。

我一张张地浏览图库中的图，想找一张灿烂明媚得能让人心情也可以飞扬起来的图。只是不知怎的，我找不到它，甚至找不到一张"干燥"的图。哪怕是绚丽戈壁上的骄阳烈日，草原上纯粹的云淡风轻都蒙上了一层灰蒙蒙的东西。我几乎觉得里面要溢出水来，不，那简直是黑色的洪水将要决堤奔涌而出要淹没整个世界。

我突然不甘心了，对什么都不算太坚持的我执拗起来。我一张张地浏览，越来越快，越来越快，以致后来我几乎看不清什么了。

我突然僵住，慢慢地，小心翼翼地将鼠标向上移，像害怕它会忽然消失似的。

那是张呈米色调的图，透着一种奇妙的阳光般温暖的橙色。一只才几个月大的黄色小猫，孩子般地把自己摔在蓬松的米色垫子里，用自己纯白的毛茸茸的小爪子遮住眼睛。

我仿佛听见它在阳光下的笑声。五彩的浮尘四散开来，轻盈地舞蹈，那么美好，一直迟到的夏天仿佛忽然降临了。雨小了，灰色的云层刹那远去，时间瞬间被定格凝固，心中湿漉漉的涌动忽然平静下来。

再次打开电台，已经换歌了，是首日文歌，我听不懂，但它那么好听，优美的旋律中跳跃着金色阳光。

一切都没那么糟，成绩还可以努力，友谊还来得及挽回，事情还可以用心，我还可以欢快生活。我豁然开朗，遇到阳光！

矮子也能伸手碰到天

　　到家了，我狠狠地甩下书包，朝爸爸吼道："我怎么这么矮？总要让人的胳膊划过我的头顶！"爸爸却笑着问道："今天外面的风大吗？"我不耐烦地点点头。爸爸又问道："你觉得冷吗？"我不耐烦地点头，说道："爸，这不是重点！"爸爸依旧笑着对我说："你还真傻，你冷为什么不躲到高个子身后呢？"

矮子也能伸手碰到天

毛江菁

我很矮。

在班上，总有几个同学伸手划过我的头顶，沿着水平方向延伸到他的下巴或者胸前，然后低头，朝我得意一笑。而我却还要抬头接受这个微笑。

冬天的公交车却比夏天拥挤很多，大多数人不愿站在冷风中。车一到，便风似的往里扑，我总是犹豫要不要上去。可在犹豫间，已被身后的高个子硬挤上车。

站在车上，我总是使出全身力气挤到车头，那里有我抓得到的杆子。门开了，又有"一大波僵尸来袭"。门前拥进一团风，我被活生生地挤到一边，只有一只手还在杆上挣扎着。只要一抬头，我就会撞到身旁高个子的胳膊。偶尔碰到脾气不好的还会低头，恶狠狠地瞪我一眼。我就只好无奈地低下头，显示着矮子的卑微。

总算是到站了。我还是站着不动，头顶的胳膊一只只划过后，我才慢慢走下车。

到家了，我狠狠地甩下书包，朝爸爸吼道："我怎么这么矮？总要让人的胳膊划过我的头顶！"爸爸却笑着问道："今天外面的风大吗？"我不耐烦地点点头。爸爸又问道："你觉得冷吗？"我不耐烦地点头，说道："爸，这不是重点！"爸爸依旧笑着对我说："你还真傻，你冷为什么不躲到高个子身后呢？"我一听，感叹道："咦？是啊！"冬天的风很冷，很冷，肆意地刮着，吹乱姑娘的头发，卷起行人的衣服。我受到风的影响却很小，因为总有高个子在前面为我挡风！

　　既然改变不了身高，那就换一种方式去面对。

　　抬起头，伸出手，踮起脚尖，指尖向上伸，矮子也能碰到属于自己的天空！

逃票，买票

严伟丹

　　有一次，我要去爸爸那里。可是妈妈要上班了，没有时间，没办法，我只好自己坐车去。

　　车上非常挤，我好不容易上了车，找到一个可以"落足"的地方。因为我站在车子前面，所以售票员好像没有看到我。站在那里等了四五分钟，售票员也没有找我买票。这也难怪，站在我边上的都是个子高高的叔叔们，我整个都被他们挡住了。售票员阿姨肯定看不见我了。"咦，那我是不是就算省了六元钱呢？我不是捡了便宜了吗？"我偷偷地想着。

　　正当我打着如意算盘时，售票员阿姨站在位置上喊："前面还有人没买票吗？"这一问，我可平静不下来了。我到底要不要买呢？如果我不买的话，可真是对不起自己这么多年来老师关于诚信的谆谆教导。我心里打起了鼓。

最后我还是拿出了出门时妈妈放在口袋里的十元钱买了票。因为我觉得比起"赚"那六块钱，保住自己的尊严重要多了。我可不能这么傻！

下车后，我心里有一种自豪的感觉。我知道这是因为保住了自己的尊严。

经过这件事，我觉得自己真的有一种长大的感觉。

这样的人让我敬佩

占　韵

114

和煦的风拂面而来，怡人的花香沁人心脾。那花香是从栀子花中飘散出来的，这正是栀子花开的季节，看着这洁白无瑕的栀子花，我不由想起她。

她，是一个品学兼优的好学生，素来温文尔雅。她已经读高三了。我和她是邻居，我常常向往能够去她家的庭院。虽然和她做了那么多年邻居，却很少来往，也许是因为她太文静了。

记得是在一个栀子花开的季节，有一个衣衫褴褛的少年来到我们村里。可是大家都认为他是一个骗子，便不让孩子出去，包括她。

那个少年坐在青石板上，望着盛开的栀子花，笑了，正如栀子花般纯洁。我偷偷地躲在门后，远远地看着他，望着他的笑容，不由得想向他走去。可立马被一双大手拉住了，是妈妈。不知为何，少年忽然晕倒了。我从妈妈的手里挣脱，向他跑过去。几乎同时，我看见她也冲了出来。她用那白皙的手将他扶起来。我则焦急地站在一旁，不知所措。

此时，一只拿着水杯的手向我伸来。原来是妈妈，我赶忙把水递给她。只见她娴熟地托住那少年的头，小心翼翼地将杯口放在他的唇边，喂他喝水。周围渐渐围了好些人，他们似乎忘记了刚才的顾虑，大家伙一起把少年抬到了她家的庭院里。我也终于第一次走进了她家。

大概过了十分钟吧，少年醒了。她端着几杯栀子花茶过来了，给大家伙每人一杯，同时也给了那位少年，又急忙转身走进厨房，急匆匆地拿着一碗粥递给少年。少年赶忙比画着表示感谢。原来，他是一位哑巴。这时很多人都纷纷低下了头。我眼角红了。

晌午时分，少年在她家吃了饭。她拨打了110。下午，大家凑了些衣物给他。

临别之际，少年给大家深深地鞠了一躬。正要上车时，她递了一朵栀子花给少年，少年眼中含满泪花，依依不舍地走了。

栀子花在风中弥漫着，她正如这栀子花，朴素，纯洁。这样的人怎能让我不敬佩呢？

矮子也能伸手碰到天

奶奶的爱

严梦真

四点半放学后，我如往常那样，穿过熙熙攘攘的放学队伍，也穿过车来车往的马路，走到与奶奶约定好的地点。

我站在那一动不动，盯着那些车流和人流。忽然，天上落下几粒雨点。天空随着也就暗下来了。马路上的人越来越少，越来越少……

一对祖孙走在马路上。奶奶撑着那破了洞的伞，一边拿着孙子的书包，慢慢地走在马路上。孙子则若无其事地走在回家的路上。奶奶突然叫孙子："孩子，来！走这，这儿雨少点。"孙子则带着点儿怒气，说："我不！"说着，径直往马路对面走去，头也不回。奶奶没有强迫孙子，而是走到我躲雨的屋檐下，收起了那把伞，看了眼孙子的背影。然后，老奶奶缓缓地把孙子沉重的书包背在了自己微驼的背上，熟练地撑起雨伞，吃力地走在泥路上。我的目光一直注视着那背着书包的老奶奶！

这雨还在下着，天也还黑着脸。

站了好久，奶奶终于来接我回家了。到了家里，奶奶总会问我："在学校里好吗？有没有被同学欺负啊？作业多吗？"

我想起来那个背书包的奶奶，也同我奶奶一样，是那样关爱孩子，心疼孩子。

奶奶，多么普通的一个称呼，而她们给我们的爱却是不平凡的。奶奶们把自己的一颗心都扑在孙辈身上，她们的爱是沉甸甸的，有她们的世界是多么美好啊！

秋临校园

王乐怡

不知不觉中，秋姑娘迈着轻盈的脚步来了，来到了我们美丽的校园。

一进校门，远远望去，道路两旁的林木犹如茫茫的金海。秋风吹过，树叶纷纷落下，有的像蝴蝶一样翩翩起舞，有的像老鹰展翅飞翔，还有的像舞蹈演员那样轻盈地旋转着，飘飘而下。地上满是叶儿，真像铺了一层厚厚的金毯，美丽极了。

秋的天空似乎高远了，也更蔚蓝了。

漫步在秋天的校园里，让人觉得格外神清气爽。秋风瑟瑟，落叶片片，秋天已不知不觉地翻开了第一页。

校园之晨，一天的开始。不知何时，绚烂的朝霞染红了半边天，又将柔和的色彩洒在校园里。到处是移动着的朝阳般的笑脸。同学们的欢声笑语飘荡在空中。

太阳升起来了，阳光洒满了校园。在宽敞明亮的教室内，同学们聚精会神地听老师讲课，像一只只小蜜蜂，在知识的花朵上采集甜甜的花粉。

校园的秋，当然也少不了秋雨来凑热闹。

那霏霏的秋雨，细细的，长长的。细的如蚕丝样。雨，静静地、绵绵地下着，在天地间孜孜不倦地编织着轻柔的网，将天和地连在了一起。一切变得朦朦胧胧，隐隐约约。

一场秋雨过后，校园里的桂花树显得越发灿烂，越发可爱。那香味四处弥漫，沁人心脾，令人回味无穷。

秋天降临校园，同学们也是兴高采烈的。因为秋姑娘赶走了烈日，送来了芳香。

一节受益匪浅的游泳课

陈景明

炎炎夏日，不免让一些人的心开始变得浮躁。知了的聒噪声更令人听着心烦！这样的天气，只有泡在水里才舒服吧？游泳是最好的选择。

那是一个炎热的下午，教练说要对我们进行一百米测试。我心想：完蛋了，这次肯定考不好，俺才学了几节课呀，他们都是很早就来学了。俺肯定是最后一名！

测试还是开始了。结果，我真的是倒数第一，成绩是多少也没心情去看。

我悄悄游到了游泳池无人的一角，心里很是自责。如果我早点儿来报名，如果我每节课都认真练习，也就不至于落到最后吧。心情坏到了极点，甚至有些悲伤。

当我正准备上岸时，教练叫住了我。他和蔼地对我说："落后是正常的，你才上了几节课，就想得到和他们一样的成绩，是不是有点儿太急了？你应该静下心来，仔细想想自己落后的原因，心浮气躁是成不了事的。游泳也是这样。"

真是一语惊醒梦中人。是呀，要是在考试的最后几分钟，静下心来仔细检查，或许我不会错了不该错的题目；要做某事失败后，能够静下心来找找失败的原因，我就不会一错再错了。

那节游泳课让我明白了，很多时候，我们用不着那么快，那么急，没有必要苛求自己总比别人强。尺有所短，寸有所长，我们不必为自己一时不如人而气馁，或者焦躁不安。步子从容一些，视野放宽一些，心态平和一些，就能感受到生活的美妙。

那节课，让我受益匪浅。

119

祭扫烈士墓

王艳婷

清明节前夕，学校新蕾文学社组织了七、八年级社员祭扫贺村镇严麻车烈士墓暨四月采风活动。

社员们接到广播通告后，满怀激动地来到副校长室门口集合。成老师告诉我们步行前往，为了锻炼我们的毅力，领略大好春光。说实话，我们不少同学内心顿时差点崩溃，因为我们平时很少走路。

矮子也能伸手碰到天

我们沿着小路走了大概四十五分钟便到了烈士陵园。平坦的水泥路环绕着整座村子，可到烈士陵园的那一段却是泥泞的土路。站在烈士陵园的正前方，我们看见：在一大片开阔地的正中间，立着两米高的碑，碑上刻着"革命烈士永垂不朽"八个大字。碑的后面，二十座烈士冢分立两排，坐南朝北纵向排列，墓碑上没有籍贯、没有姓名，只有一颗大红的五角星。这个园子里最显眼的是贺村镇团委挂的横幅"缅怀英勇先烈 弘扬革命精神"和江山五中师生扫墓时留下的花圈。同学们纷纷向墓碑那儿走去，成老师将我们学校的花圈摆放好，然后让我们站成一排，面朝烈士墓，默哀三分钟。成老师给我们介绍近现代史，八年级的姜老师随后补充故事内容。

注视着那墓碑上的五角星，听着成老师关于这个烈士陵园的介绍，我不由得想起了一些战争片的悲壮场景。革命烈士那大无畏的精神使我敬佩。正是他们，让我们的国家得到了解放；正是他们，让我们过上现在幸福的生活；正是他们，保障了我们美好的未来……

扫墓结束了，我们又进行了一次"长征"，可是，我们的内心却没有了崩溃的感觉，而只是告诉自己要坚持。

美丽乡村日月行

周婷婷

那天下午，我们新蕾文学社七、八年级社员一起去采风。到哪里呢？那便是省级文明村——日月村。

这儿的每一条路都干干净净的，风也是轻悄悄的，树上的鸟儿欢快地叫着。这儿的每一棵树上都挂着个牌子。上面是什么呢？哦，原来是植树人的姓名。随处可见的告示牌，上面的标语也成了一道亮丽的风景线。

我们来到亚宁消防公司——这是日月村的第一个亮点。来到大厅，我们的眼睛就被墙上的荣誉证书吸引了，有很多颁奖单位呢：浙江省科技中小企业、江山市企业技术研究中心、江山市专家工作站……

绕过大厅有一个展示厅，里面是各式各样的消防器材：泡沫系列、干粉系列、二氧化碳系列……

走进车间，一股刺鼻的气味便扑面而来，真是不得不佩服这生产车间里的工人。参观完，我们在亚宁消防公司的大门前合影留念。

离开了亚宁消防公司，我们来到了美丽的"日月潭"。相传，这里以前干旱无比，村民都要到几十里外的地方去挑水。有一次老人提着手中的水，颤颤巍巍地走着，突然，那个老人摔倒了，看着桶中的水洒得一点儿都不剩，老人凝望着："天啊！这可是救命的啊……"就在这时，一个人把他扶了起来，忙对他说："老爷爷，没事吧。来，我把我的水给你。"说完便离开了。却不承想，这个老人是个神仙，他笑道："真是一个好人啊！"第二天清晨，那个好心人门口就有了一个池塘，也就是现在的"日潭"。后来呢，人们为了纪念他，就在日潭的旁边修建了"月潭"。阳光下，日月潭不停地闪着光，好像是展现美丽的江山变幻的风云。

日月潭附近有一所乡村电影院。在那里，我们观看了日月村村民演出的江山方言的微电影——《道歉》。看完我感触很深：只要一个人为他人着想，将心比心，还会有争吵吗？

最后，我们去了日月村大草坪——领头雁草坪。这里风景优美。谁能想到，这以前是一个垃圾场呢？

夕阳即将西下，而江山，你永远在逐梦路上！

欢乐国庆

周靖渊

2017年国庆期间，我们一家人开展了一系列"活动"。

第一个"活动"——吃麻糍

打麻糍的过程我没看到，不过看后面就好了。一大盆白白的，还没沾上黑糖、红糖和芝麻粉的麻糍。我睡醒时，奶奶她们已经在做了。我凑上去一看，奶奶的手法好娴熟啊！手下去，握一个球上来，揉了没五秒钟，就"啪"一下掉在了锅里。爸爸用筷子轻轻一翻，麻糍球就沾满了糖。爸爸用筷子一夹，这个麻糍就被爸爸吃掉了。我也用筷子翻麻糍吃，可是，我常常要滚个三四次才能令它粘满糖。爸爸让我静下心来慢慢翻。我静下心来，一翻。哈，沾满了！我得意地吃着战利品。但是，奶奶的速度太快了，爸爸和我都没时间一个一个翻。

忽然，爸爸把锅拿起来，一抖，就全抖好了。最后，我们都吃不下了，奶奶才停下手来。

第二个"活动"——包饺子

这次的主力军是妈妈。包饺子之前，妈妈已经买好饺子皮，把馅料放进去包好，再煮熟就行了。妈妈拿来一张饺子皮，舀一勺馅料，再用手把它们捏紧，一个饺子就包好了。不一会儿，一碗饺子有了。煮熟以后，咬一口，回味无穷……我吃了一大碗饺子。最后还剩下好多个饺子，只能放进冰箱以后吃。

国庆期间，我家里开展的"活动"还不只这些呢！这只是一部分而已。希望下次国庆更加快乐！

我们是一家人

姜　莹

有首歌唱得好：因为我们是一家人，相亲相爱的一家人，有福就该同享，有难必然同当，用相知相守换地久天长。生活中不就是如此吗？无论发生什么事，家人总会给你带来无尽的勇气和力量。

那天晚上，我和家人吃过饭后，都想去看电视，我飞快地跑到客厅，拿起了遥控器。正当我要开电视时，爷爷奶奶走过来了，说："莹莹啊，把遥控器给爷爷奶奶看戏曲吧。"忽然，妈妈也悄悄地过来，说："爸妈、莹莹，我们还是一起看电视剧吧。"我想了想，终不愿交出遥控器，因为我想看动画片。

这时，爸爸微笑着走了过来。我们霎时都把目光投向了爸爸，爸爸也不知道如何是好。

过了一会儿后，爸爸做出了决定，"看戏曲。"我将遥控器摔在沙发上，生气地回了房间，妈妈没说什么。

　　我坐在床上，心想：为什么要让爷爷奶奶看戏曲呢？正当我火气冲冲时，奶奶走到我的房间里，和蔼地对我说："莹莹，来，过来，电视遥控器给你，看动画片吧。"爷爷也站在一旁笑着。我疑惑地问奶奶："为什么？您和爷爷不是也要看吗？"奶奶说道："因为我们是一家人啊！"

　　顿时，我感到很惭愧！是啊，我们是一家人，不应该为了一些小事，就破坏我们之间的亲情。"奶奶，我们还是看戏曲吧。"我对奶奶说。

　　我们一家人坐在沙发上，陪着爷爷奶奶看戏曲。其实，静下心来观看戏曲也蛮有意思的。在看戏曲的过程中，我的脑海里总是一遍又一遍地回荡着奶奶说的那句话——我们是一家人。

我 的 母 亲

姜昊芸

　　我的妈妈属于虚胖型。照片上年轻时的她有一头柔顺的黑长发，但如今却变成了头皮都看得见的短发。鼻梁上还有一颗豆粒大的痣，脸上的痣也不少。肚子上还有一条如长线般的手术刀疤，说是因为生我时难产，之后剖宫产留下了手术刀疤。这也更加坚定了我要孝顺母亲的决心。

　　我的父母都在杭州工作，而我跟爷爷奶奶生活在农村。他们一年四季也不见得回来几次。爸爸也许会回来两三次，但妈妈是一年回来一两次。因为我的妈妈是在加油站里工作的，在节假日她只会更忙。一年中只有十天的年假，平时上六天班放假两天。一般不回来过年，都是年过了才回来玩几天，陪我几天就又回到杭州投入到自己的工作中去了。

暑假时，我会去杭州玩将近两个月。那时我是最开心的，因为我可以和父母待在一起。

我去过妈妈工作的地方。大太阳时，只能直直地站在那里，阳光直射在她的身上。有时回到家，妈妈的工作服上都结了厚厚的一层盐巴了。

下雨时，妈妈到家后那双鞋都湿透了，里面的袜子也湿了。看到那一幕的我心中顿时流过一阵暖流，因为妈妈每天这样风吹日晒，这样劳累，都是为了能够让我的生活过得好些。

妈妈为了我的生活能够过得好些而如此辛苦，那我就更应该努力学习，长大后回报父母。

"妈妈，我爱您，您辛苦了！"这句话，在几天后的母亲节，是我要对您说的。我想，我的成绩是给予您最好的母亲节礼物。我不会让您失望的，为了您的付出，我也会努力学习。我爱您，我亲爱的妈妈，您辛苦了！

池塘"整容"记

姜毅恒

我们村里有许多池塘。

我家门前也有一个大池塘，里面养着草鱼、鲫鱼和鲢鱼，养鱼户每天喂鱼，水面上经常漂浮着鱼儿没有吃完的草根。

夏天的时候腐烂的草根，水面上肚皮泛白的死鱼，奇臭无比，吸引了许多"不速之客"——苍蝇和蚊子。池塘边洗衣服的邻居留下的塑料袋、纸屑、枯枝败叶、不要了的衣服……堆积在池塘两边，走路都难。每天大家视而不见。那个臭，那个味儿！

当提出"五水共治"时，妈妈、姐姐和我再也坐不住了，毅然决然地扛起铁铲、扫帚，拿着畚斗，冲向那肮脏的池塘边。

妈妈一马当先，拿起铁铲，奋力一铲。那个臭味立刻散发出来，我和姐姐立马捂着鼻子，跑得比兔子还快。妈妈没说什么，一铲又一铲用力地铲着。不一会儿，妈妈的脸通红通红的，汗水从脸颊上一滴一滴地往下流，额头前的刘海儿全湿了。我和姐姐放下捂着鼻子的手，疾步如飞地走到肮脏的池塘边，果断拿起畚斗和扫帚，帮助妈妈扫了起来。妈妈负责铲垃圾，姐姐负责扫垃圾，而我，则负责搬运垃圾。铲着、扫着、运着，不知不觉中半个小时过去，我和妈妈、姐姐三个人的衣服全湿透，我们全然不顾，继续打扫着奇臭无比的垃圾。

一个半小时过去了，我们的体力显然有些透支，我们咬紧牙关，继续搬运着垃圾。

就这样，从下午三点到傍晚太阳西下，我们才收工。看着这洁净的池塘边，身体上所受的累都化作浮云飘走了，心里美滋滋的，三人脸上都露出了灿烂的笑容。

第二天早上，洗衣服的邻居看见池塘边迥然不同的变化，对我们三人赞不绝口。之后大家都自觉、主动地捡起垃圾，放到指定的垃圾箱中。养鱼户也每天清扫水面上的草根和死鱼。现在门前池塘里的水清澈透明，站在池塘边可以清晰地看见自己的倒影。

我们村公路两旁的绿化带经常有人拔草、修剪、浇水。公路每天都有人扫垃圾。每家每户门前的垃圾都自觉地清扫干净。

一走进我们村，你就会心旷神怡。每个人为了家乡更美，都出了自己微薄的力量。不信，你来瞧瞧？

127

劳动节，我劳动

毛嘉慧

这个劳动节，我是在劳动中度过的。

假期的第一天早上，我一个人静静地躺在床上看电视。妈妈走进来神秘地说："走，我带你去'赚钱'。"我很诧异，但这也不能打扰我看电视的兴致，我摇摇头，坚决地说："不去。""去嘛！你这样躺在家里人家要笑话的，多走动走动！"妈妈哄着我说。我没辙了，只好和妈妈一起下来。

原来要我收废品！妈妈说："把我们饭店里的瓶瓶罐罐都给收好，去收废厂换钱。"我唉声叹气地收拾废品，奶奶也在一旁帮我。因为天气不错，所以慢慢地我心情好转了。

一个上午，我都在把易拉罐、塑料瓶分类。看到一个个废品被我收入袋中，一点点的小成就感慢慢积攒起来。我和奶奶把东西送到废品站，那里的老板是我的婶婶，她见我过来，直夸我懂事能干，我心里美滋滋的。看见一件件废品转变为钱，我心里别提有多快乐啦。最后算出来我赚了八十元。

回到家中，我把其中一半给了奶奶，可奶奶不要，说给我留着用，我还是把钱硬塞给了奶奶。

现在我才知道，原来赚钱那么辛苦。我在这看电视的时候，妈妈却在为一家的生计打拼着，我倍感惭愧。于是，我跑到了饭店，帮着妈妈一起洗碗、切菜、上菜……这次的劳动是无法用钱来衡量的。妈妈欣慰地说："今天这么乖啊！不回去休息吗？"我摇摇头，继续埋头苦干。

一天的劳动不知不觉结束了，但劳动带给我的快乐却永远留在了我心里，也让我明白劳动中的快乐才是真正的快乐。劳动节，我劳动，我充实而快乐！

我爱的这片草地

姜　旭

　　走近那熟悉的草地，我总能感到内心一片平静。拾一片落叶，细看它的纹路；采一朵鲜花，静嗅它的芬芳；依偎着大树，感受时光的沧桑。

　　我喜欢在那条路上奔跑，伴着飘落的树叶，夹杂着野花的芬芳，最后累倒在这条路的尽头。仰望着天空，看着飞过的大雁，我心里会莫名的兴奋。

　　路的尽头是一片草地，安静而又美丽。我喜欢在不高兴的时候跑到这里，扑倒在草地之中，向它倾诉我的委屈；也喜欢在生气的时候来到这里，大声嘶吼，发泄心中的不满；还喜欢在困惑的时候来到这里，寻找心中的答案。稍大一点儿的我，喜欢夹着我的书跑到草地上，坐在草地之中，依偎着草地中央的大树，静静地阅读。而后，我往往会睡着，睡在这片草地之中，与它融为一体，感觉不到尘世的喧闹。只有绿草的柔软和温暖的阳光，舒适而又温馨。醒来之后，往往已到黄昏。告别这片土地，回到家中，也已饭菜皆熟，美美地饱餐一顿，然后便扑倒在大床上。

　　我渐渐长大了，有了繁重的课业负担，草地在飞逝的时间里被我遗忘。

一次偶然的机会，我又回到了那片草地。望着那棵唯一的大树和周围绿意盎然的草地，内心的烦恼皆已烟消云散。我又一次躺在草地上，又一次仰望着蓝天，不禁感慨万分。

时隔不久，当我再次前去看望，这片草地已然无存，映入我眼帘的是一片菜地，我心头伤感的寒流蓦然涌动。

我家门前的柚子树

蒋嘉豪

我家门前有一棵柚子树。这是一棵十分神奇的树。在我的记忆里，我是吃着它的果子长大的。每到深秋，它总缀满黄澄澄的柚子。

记得小时候，我因为看了动画片《葫芦娃》，看见了动画片里是用葫芦种子种出葫芦藤，然后长出葫芦，接着变出神奇的葫芦娃的，所以我也想种出葫芦娃。于是我就自己用橡皮泥，做了一个葫芦的样子，把它埋在了这棵柚子树下，希望在这棵神奇的柚子树的庇护下，我也能像那个种葫芦的老爷爷一样，幸福地拥有七个无所不能的葫芦娃。

我每天都细心地给"葫芦"浇水，一有空便来陪伴它、注视它，希望它快快长大。过了几天，看看葫芦没有长出来，我就认为可能是种下的葫芦种子太少了，于是我又用橡皮泥做了好几个，重新埋在了柚子树下。

可是过了一天又一天，葫芦依然没有长出来。我十分烦恼，跑去问妈妈为什么葫芦长不出来。妈妈笑着回答我："傻孩子，葫芦是不能用橡皮泥种的，就和柚子树一样，要用柚子种子才能种出来，如果没有葫芦种子是种不出来的，你这样三番五次地把柚子树的土翻来翻去，会伤害柚子树的。"我听了妈妈的话很难过，对有可能伤了柚子树根感到不安，于是就把柚子树下的橡皮泥挖了出来。到了第二天，为了表示悔过，我开始精心地照看柚子树。早上我给它浇水，中午我在树下吃饭，下午我和它玩耍，晚上我对柚子树说"晚安"。如今，只要一回想起这件事，自己就笑当年的傻。不过感觉和柚子树一起玩耍非常开心。

仙 人 掌

姜　楠

　　我家有一盆仙人掌，它是与众不同的。我见过球似的，还有扁形的。可我家的仙人掌很独特，因为它的形状就像一只手掌。我觉得这才称得上真正的仙人掌吧！

　　这棵仙人掌是去年我和爸爸去贵州的路上看到的。当时在路边觉得很奇特，于是就把它挖回来了。我将它安放在一个花盆中，还将那里的泥土带了回来。

　　起初，它的茎又肥又绿，很惹人喜爱。我也天天给它浇水，晒太阳。可这一浇、一晒，好像要害死它了一样。它的茎变得不再有之前的那种绿意，而是像秋天那萧瑟的黄叶。

我连忙去问老爸这是怎么回事？老爸说："仙人掌耐旱，本就只能适应缺水、少水的环境。不像娇羞的杜鹃花、水仙花一样，它是坚强的代表，是坚韧的形象。"我听得似懂非懂，只知道爸爸的意思是叫我少浇水。我心想：不浇水，那我就施肥吧！我又稀里糊涂地往花盆里倒了肥。仙人掌起初有点儿好转，可是不过几天又变黄了，不过这次更严重，仙人掌的茎有点儿烂了，有水渗出。

这时，我爸来了。看到仙人掌这样的惨状和我茫然的样子，他简直哭笑不得。他说："你加肥料干吗？"我答道："一般种菜不都是浇水和施肥的吗？"爸爸讲道："可这是仙人掌，不是菜呀！仙人掌是一种耐旱植物而不是我们食用的菜，懂了吗？要浇水的话每星期浇一次就可以了。不许浇太多！"我回答道："我明白了！"随后，我与爸爸一起将盆里的肥料铲出来，放到其他盆栽中。

几天后，仙人掌开始好转了。它的茎变得不再黄涩，不再湿乎乎的了。我每逢星期日就给它浇水。它又恢复了原来的样子，绿意盎然、欣欣向荣。它的手掌形状的茎似乎有新的生出了。哦，是在大拇指上。看看这株仙人掌，我开心极了。

原来，最好的爱就是尊重它的自然状态。

树 的 泪

郑 韵

我是一棵树，我又迎来了一年的春天。

春天来了，青蛙伴着雷爷爷的哈欠，从尘封已久的洞里"呱"地跳了出来，正纵情高歌呢！

南方归来的鸟儿，正叽叽喳喳地到处与久久未谋面的旧友打招呼。看！燕儿妹妹也来向我打招呼了。嘿！嘿！我摇动着树枝，瞧！它飞来了，"快来！"它飞来了，"树哥哥，我可以在你这儿住下吗？""当然，求之不得。"雪消融了，溪水也开始了表演。有了溪弟弟的伴奏，这真是一曲只应天上才有的妙曲呀！河边的柳树姐姐正在风阿姨的吹拂下扬起纤细柔软的秀发。花儿也纷纷斗起了美。就连小朋友也发出银铃般的笑声。看着这如此幸福的画面，我流下一滴泪，是幸福的泪。

忽然，一帮人闯进了我们的视野。他们个个一副来者不善的样子。"走开，快走！"仅仅几分钟，这里就变了样。小朋友的哭闹，鸟儿的惊慌失措，正在唱歌的鸟儿不唱了，正在梳头的柳树也不梳了。瞬间，寂静了，一切都停下了。一声枪响又一次打破了寂静。呆住的鸟儿瞬间叽叽喳喳地叫个不停。那帮人赶忙支起一面面的网，猎枪四处飞射，只见一只只鸟儿从半空中笔直地往下落。喜鹊妹妹！不！她被网缠住了，她在挣扎，哦！不！他们过来了。看他们脸上狰狞的笑脸，一眨眼工夫，他们被锁进密密的铁笼子。"不，大树哥哥，救救我！"只可惜，我动不了。那一刻，我好伤心，自己昔日的好友在眼前，而自己却爱莫能助。我留下了一滴泪，是伤心的泪。他们肆无忌惮地践踏这里的花草树木，花儿被拦腰折断了，小草被压得爬不起来，就连我也被折断了几根树枝。一会儿，他们又开始了新的扫荡。可不知后面危险正在不断接近。

今天是惊蛰，有很多蛇也纷纷出来扫荡。这不，看到"猎物"了吗？他们也容忍不了别人这样来摧残自己的家园。这不，他们赶快召集蛇兄蛇弟来捍卫自己的家园。

那帮人坐在河边，殊不知后面正展开一场"世纪大营救"。几只老鼠正合力要撬开铁盖顶。而潜伏在水中和树丛中的蛇正蓄势待发。一二三，蛇一扑而上。三下五除二，就将"罪人"给束缚了。这时鸟儿也被放了出来。一切又和平了。蛇勇士用力一甩，他们掉进了水中，纷纷仓皇而逃。

我流下一滴泪，是激动的泪，也是害怕的泪。不知道明天，这里还会是鸟语花香吗？

134

秘密说给树听

　　树也有树的忧愁，忧愁自己为什么不能快点儿长大，离天空更近一些，感受上面的空气是怎么样的，会不会有它没有看过的世界。

　　我也慢慢长大了，忧愁似乎也多了。
　　……

　　树啊，那些不为人知的秘密，只有你和我知道。

秘密说给树听

姜彦君

小时候，父母总是吵架。

虽然只是斗嘴，但我还是分得清事态是否严重的，他们真的在吵！邻里们都围过来，好像在看一对发疯的猴子在耍，看得那么起劲儿，谁会不识相地出来阻止？我知道我也阻止不了他们，那时真的很无助，真想找一个地方躲起来，但是全世界好像都容不下我。

我背靠在树干上，好像这样就能和树亲密无间地进行思想交流，我的忧伤就能分一半给树。我很喜欢坐在树下。因为坐在树下，阳光照在身上，暖暖的，还有清新的空气掠过鼻尖。微风撩动着发丝，一抬头眼睛被整个蔚蓝的天空占据，悠闲的白云飘过，使天空变得更加柔和。很美妙！那时候和树说自己的秘密是不会被偷听的。

几年过去，我经常靠的那棵树长大了。有时候很好奇为什么树的枝干变粗壮了。是我的忧愁和树分享太多了，树膨胀了吗？又或者是树真是长大了？当树还是树苗的时候，只能在地面吸收养料。

树也有树的忧愁，忧愁自己为什么不能快点儿长大，离天空更近一些，感受上面的空气是怎么样的，会不会有它没有看过的世界。

我也慢慢长大了，忧愁似乎也多了。

树还是默默倾听着我的忧愁，它把我的忧愁嵌在年轮里。现在

的我，更加依赖那棵树，树也十分信赖我，不曾把我的秘密分享与他人。父母的吵架，我也释然了。

树啊，那些不为人知的秘密，只有你和我知道。

我所不愿分享与人的秘密，也正是我的成长。

爱住我家

姜园园

记得，每天早起上学，桌上摆着父母为我和妹妹煮的两碗粉干，香气四溢，而父母却早早吃过我们不喜欢的红薯和粥。每当我们姐妹俩吃过早饭背着书包踏出门口时，还要踮起脚尖，伸手向挂在门口边的牛奶箱一探。记得，每遇上阴天上学，老妈总是叮嘱我们姐妹俩一定要带上雨伞；还记得，我们全家坐着机车招摇过街……

一幕幕，闪现在我的脑海中，全都是温暖而安心。这些生活中的小幸福，我全都记得。

我总满足于生活中的小幸福。老妈每天给我们煮的美味的菜；老爸带全家去万达广场买汉堡和冰激凌吃；老爸下班抱回来的一箱牛奶；夜晚老爸躺在凉椅上同我们开玩笑；大夏天，我们全家人一起吹着空调吃着冷饮看"冲关我最棒"，这些，总能带给我许多的小幸福。

老爸，你总是那么爱带我们出去玩，去买吃的。你身上总有豪迈的气概。可当老妈不在家时，你又当起了"贤妻良母"。在我最迷茫、最消沉时，你总能警醒我，使我不忘自己的初心。

老妈，我喜欢你包的饺子，煮起来总是那么暖人心肺，与外面饭店煮的饺子有太多的不同。我喜欢你的勤劳、朴实，你总能在我最难过的时候安慰我、鼓励我，使我不灰心丧气。

老爸老妈，多么美妙的一个组合，就像我乘着小船，一个如船桨般助推我前进，另一个如怒吼的狂风，既不让我骄傲自大，也不让我灰心丧气。

感谢这个家，支持我、鼓励我，同时又警醒我，使我面对现实，不忘初心；感谢这个家，使我面对失败，不灰心丧气，心态平和，依旧自信。

有父母在的地方，就是家。有爱的地方，就是家。

138

我们是一家人

姜雪丽

那是一个烈日当空的星期天，我和姐姐、妹妹正坐在房间中享受空调给我们带来的凉爽。有捧着手机在玩的，有拿着遥控器在看电视的，有抱着笔记本电脑在玩的，很是舒服。妈妈则在客厅里忙碌地扫地、拖地，奶奶摇着蒲扇坐在门口和一些老婆婆聊天。

一向爱干净整洁的妈妈看到院中那一堆乱七八糟的砖头，心里很不舒服，提议把砖头搬到院子中的一个小角落。

妈妈来到房间告诉我们姐妹要搬砖头时，我们先是惊讶，再是一脸和我们有什么关系的神色。妈妈看我们三个不乐意便把空调关了，把我们的东西都没收了，我们才不情愿地走出房门。

我们来到院子里，看到那一堆凌乱的砖块，不知从何下手。这时，妈妈像战场上的指挥官一样，指挥着我们：丽丽，你把那边的砖块搬到那儿；莹莹，你大一些，便搬较高的地方吧……搬的时候小心点，不要砸到脚。我们搬着搬着，像辛勤的蚂蚁，像搬南瓜的老鼠。

突然，奶奶也走过来搬起几块大块的砖块。妈妈看见了，忙跑过去接过奶奶手上的砖块，说："妈，你手骨折才好多久，不能干重活，快回屋休息吧。有这些孩子帮我，一下子就好了。"奶奶见自己说不过妈妈，就回屋去了。

太阳烘烤着大地，大地就像蒸笼一样炎热。我看着那一些砖块，似乎觉得十天十夜都搬不完。但我看见妹妹头上的汗水，姐姐正吃力地搬砖，我觉得我如果放弃了，就太对不起他们了。于是，我又加入了这个庞大的搬砖团队。

不一会儿，砖块整整齐齐地放在院子的一角。我们笑了，这就是我们辛勤劳动的成果呀！

这件事使我明白：因为我们是一家人，我们要一起面对困难！

爱 的 表 达

姜璐璘

妈妈每天起得很早，似乎每天都在做同样的事：洗衣服，买早点，烧饭。这就是妈妈的无趣生活。

小时候，我一直都在想，家庭主妇到底是怎样的，却不知道身边就有一个实例。近几年，我觉得妈妈老了，原本乌黑的头发里多出了几根银白色的发丝，脸上刻满了岁月的裂痕！

一天早晨，我在帮妈妈梳理着她细长的秀发，尽管我的动作很轻，可还是有很多头发掉落在地上。瞬间，眼眶成了"一片水汪汪的海洋"，我忍住不哭，痛心地说："妈妈，你老了，有白发了！"妈妈笑了笑，安慰我，说："傻孩子，人哪有不老的，这很正常。"其实，我心里很明白的，妈妈的一生过于操劳，虽然她只有三十九岁，却每天为我们一家起早贪黑，操碎了心。于是，我劝说道："妈妈，您以后要多注意身体，不要太劳累了。"妈妈微笑着点点头。

每年暑假，我都会帮爸爸妈妈做事，爸爸妈妈都夸我懂事了，但我觉得仅此还不够，我要用实际行动来证明。我不能再是一个懵懂无知的小孩子，因为我知道是父母给予了我们生命。

人们都说：鲜花感恩雨露，是因为雨露滋润它成长；苍鹰感恩长空，是因为长空让它飞翔！父母和儿女不更是如此吗？入学时，有人给你拿书包；下雨时，有人给你打雨伞；受委屈时，有人给你擦眼泪。这些都是父母爱的表达。

父母把爱寄托在无限的唠叨中，如涓涓细流滋润细苗成长。父母的爱伴随我们走过坎坷，我们也会用更多的爱来报答他们辛勤的付出！

那个老头

吴洋炳

小时候，有个老头经常抱着我到别人家看电视，教我走路，带我去镇上赶集，他就是我的爷爷。

在我的成长过程当中，爷爷对我的照顾可以说是无微不至的。

自从我上小学，爷爷都要起早送我去学校。每天当我起床时，爷爷已经在厨房里煮好了我最爱吃的面条。不管天有多冷，他总是定时定点地将那碗热腾腾的面条端到我的面前。我吃下去，整个人顿时暖烘烘的。

爷爷早年当过兵，所以会十分注重自己衣着的整洁。他也总会帮助我打理衣服，因此，我也深受他的影响，学会了要讲究个人卫生，随时保持整洁。甚至以至于有些同学误认为我太过于注重自己的形象，有耍帅的嫌疑，当然我并不计较这些。

爷爷还经常对我说，他小学只读到了二年级就去帮人家放牛了，十九岁去当了兵，在当兵的时候，本来是有机会当排长的，因为自己没有什么文化，就错过了当排长的机会，只能够成为一名普通的警卫员。因此，爷爷教导我要好好珍惜学习的机会，努力学习。我十分理解爷爷的遗憾，也深深懂得学习的重要性，所以我谨记爷爷的教诲，努力学习。

时间是如此无情，现在的爷爷整个人都变了：以前的他，去赶集的时候背着我能够健步如飞，可现在却变成了一个走路都迈着缓慢的脚步前行的老人；他那笔挺的脊背，现在却变得佝偻，有时甚至还在平缓的路上跌倒。就在这个周五，他又摔跤了，当我回家看见他那摔得红红的鼻子和嘴巴时，我的眼泪不禁在眼眶中打转。

岁月带走了他的坚强，留下的是他的脆弱，多想时间倒流，让我能够多多陪伴他。

小　七

姜可欣

从小我就十分喜欢狗。那年，姐姐家的那只大狗正好生了很多小狗，我激动地跑到姐姐家，问姐姐要了一只。我要来的这只小狗是七只小狗当中最小的，所以我给它取名叫小七。

我小心翼翼地把它抱回家，用纸箱给它做了个窝，用大块的绒布放在里面。小七在里面蜷成一团，我寸步不离地看着它，心想一定要好好对它，给它吃香的，喝辣的，让它开心。

就这样，小七被我养大了，黑白色的毛十分漂亮，像极了国宝熊猫。两只眼睛，大大的，长得十分俊俏。别看他体形硕大，跑起来却是健步如飞。小七胃口十分好，肚子总是吃得鼓鼓的。

每当我放学回家时，它总是把前脚架在我的肩上，对我表示欢迎。我去上学时，它总是目送着我离开。我出去玩耍时，它总是尾随着我，像个跟屁虫。

每当它开心时，它总会快乐地摇摇脑袋，甩甩尾巴。每当它不开心时，我便会摸摸它的头，亲亲它的鼻子，对它表示安慰，我和它就像家人一样。

那天，我看天气还不错，便想着带小七出去走走。我走在前面，小七跟在后面。这时有一个女生向我走来，小七以为她是坏人，便冲她大喊大叫，那女生吓得往后跑，小七便去追她，我叫住了小七，可这一次小七却怎么也听不进去，还咬了那个女生的腿。看到这情况，我愣住了，心想，天呐，完蛋了。我马上叫上路人把这女生送去医院。后来，因为这件事，妈妈给女生的家长赔了五百块钱。妈妈因此很气愤，回到家就责骂我，质问我为什么不把狗看好。我低着头不说话，走到门外，发现小七在门口，可怜兮兮地看着我，我抱住它的头。妈妈走了出来，说："把小七绑起来，省得它再咬人！"我不同意，可妈妈不听我的，还是坚持用铁链把小七拴了起来。

过了一段时间，有一天，我回到家中，发现妈妈正和一个身材高大的陌生男人聊天，我走上前，听到小七一直在不安地叫。我走到小七身边，小七一直在我大腿边上转来转去，显出很焦急的样子，好像在向我发出求救，我感觉到大事不妙，我猜测这个人是个买狗的，后来，我听到了妈妈和那个男人讨价还价，我的想法被证实了。

我盯着妈妈，说："不行，不能把小七卖了，妈妈，我不同意！"我抱着小七，妈妈走了过来，一把把小七抱走，我挣扎着，那卖狗的人用大钳子往狗的脖子上套了进去，用绳子把狗绑了起来。我哭着求妈妈不要卖，可妈妈就是不听我的，嘴里说着："这狗养起来干吗！竟咬人！"

我被妈妈拉到了房间，我从窗户往外看，只见小七不停地摇摆着身子。小七被拖走的那天，天正下着毛毛细雨，它看着我，我不停地叫着它的名字，终于它不再挣扎了，就这样它被买狗的人拖上了车。随后，小七便从我的视线中消失了。我没有追，趴在床上哭，哭到没有力气为止。

我发誓，这辈子我就养这么一只狗。我的小七，它在我生命中是独一无二的。每当我想起它，便会偷偷哭泣，后悔自己当初没把它带走，一切都怪我，为什么它要承受这些？

我的卷毛

姜蔚雯

144

"来，卷毛，把球叼过来。"只见话音刚落，卷毛就像箭一般冲了出去，把球叼到了我脚边，随后便乖乖坐下。卷毛，它是我的狗，它浑身上下的毛都是卷的，因此我叫它卷毛。

话说我们可真有缘。卷毛本是只流浪狗，那天正下着雨，我去上学，发现它在我家门前徘徊，等到放学，它依旧在那里。我走到它面前，看它一动不动地趴在那儿。等我回家后，我发现，它竟尾随着我，来到了我家。我坐下，它便也坐下。我给了它一些吃的，它便摇着小尾巴，对我表示感谢，我看它可怜便收留了它。

考虑到卷毛是第一次来我们家，我们怕它因为不熟悉环境，出去玩会不认得回家的路，于是我和妹妹就打算试一试，看看卷毛能不能自己回到家中。

妹妹先把卷毛带到奶奶家，趁卷毛不注意，妹妹赶紧跑回了家里。妹妹一见到我，便得意地对我说："姐姐，看来卷毛不认得咱们家的路，它没有回来！"我哭笑不得地对她说："哦，是吗？你看你身后是什么？"妹妹一看，竟发现卷毛乖乖地坐在地上。原来，卷毛早已比妹妹先回到了家。卷毛的举动让我和妹妹都惊喜不已，它竟然能够这么快就识得回家的路。可卷毛呢，却表现出一副很无辜的样子，样子特别的呆萌。

卷毛不喜欢游泳。一次我把卷毛扔进了大水池里，它边叫边用狗刨式在水里挣扎着，看它的神情好像在说：主人，主人，我快没有力气了，快拉我上来！我生怕它会淹死，赶忙把它拉了上来，它甩了甩它那湿乎乎的身子，溅得我满身都是水。可它却好像在笑我，哈哈，被我的水溅到了吧。它像调皮的孩子，尽管不言语，但它的一举一动，都能够让我明白它的意思。

这就是我的卷毛，独一无二的卷毛。卷毛就是这样，它能陪我玩，陪我闹。尽管它不能说话，可是又能怎样呢？它一样可以成为我的好朋友。

145

黄昏时的哀悼

姜林秀

遥远的天边，几朵红云向其汇聚。被厚云遮蔽的落日仍散发着光晕，而近处的天空，却是一股阴郁的蓝色。

驾校路旁的小树下，几只狗围在一块儿玩耍。小狗或与同伴互相撕咬，高扬下巴，或跑到母狗身旁，用小爪子推母狗的鼻子，或像捉捕玩物般逗弄着母狗的尾巴，或奋力拔咬母狗脖子上黏附的苍耳。趴伏在地上的母狗微怒了，低吼一声，咬着小狗的脑袋，锋利的牙齿轻磕在小狗耳朵上，那巨大的嘴简直能将脑袋吞下。只听见小狗灰溜溜一叫，便安分地跑回到一边玩耍去了。

"嗖——"一辆汽车从驾校驶出，带过一阵剧烈的风，压倒了路边的野草，那野草奄奄一息，但还是艰难地挺回来了。汽车快速向嬉戏的狗群驶来，透过挡风玻璃隐约看见驾驶人一边拿着手机打电话，一边握着方向盘驾驶，视线似乎没在那几只狗身上，否则就应减速了，而不是如此疾驰如风。

母狗老练地从地上起来，赶紧走到一旁，身后跟着一团"小绒球"。"呜——"就在一个瞬间，也许母狗还不清楚情况，但是我，却真真实实地看到了：车轮似死神的魔爪，疯狂而毫不犹豫地朝一只毛绒线、胖嘟嘟的小狗袭来。下一秒，随着一阵惨叫的"呜呜"与翻飞的鲜血，一条生命，便从这个美丽的世界消失了。

开车的人似乎意识到什么，摇下车窗，探出头，瞥了瞥那具小狗的死尸，随后竟摇回车窗，若无其事地走了。此时的他，真像座冰山般无情。

母狗呆呆地回到小狗身边，盯着死去的小狗，凑上前嗅了嗅，随后便是撕心裂肺的哀叫，似苍狼对皓月的长嚎般汹涌悲凉，幽远豪壮，又带着一份母亲的柔情。

等到爷爷来了，只是轻叹了一口气，便将小狗在一旁的树下安葬了。母狗很焦急，用鼻子不停地嗅着泥土，似乎在拼命寻找孩子的气息，内心的执着和最后天真的希望隐隐在她纯净的眼中凝出一朵模糊的泪花。

爷爷走后，我才发现她是有多疯狂：她喉中发出的"呜呜"声不止，似在祈祷，似在哭泣，也似在呼唤。它抬起爪子，奋力朝泥土刨去，刨完一下，还不时把鼻子埋到土里深嗅，抬起头来，滑溜的黑鼻上沾满了泥土，这样子不免有些滑稽、可笑。紧接着，她又努力地刨起来，碎屑的泥土似悲凉的烟火在空中划下一抹淡淡的弧度。很快，小狗那冰冷惨淡的尸体从泥土中显现出来。母狗温柔地咬起小狗的脖子，迈着沉重悲凉的步子，领着身后一群幸存的"小绒球"，沿着小路走去。

远远的，不时传来几声痛苦的"哀悼"，夹杂着冷风拂过树叶的"沙沙"声，形成了一支悲瑟的葬礼交响曲，回响在这落日黄昏。

天空下起了淅淅沥沥的小雨，黑夜悄悄织上天空，它们的身影渐渐融入黑夜……

赶　猪

余　轶

"老头子老头子！"一声响亮的叫声划破了早晨的宁静。

细细一听，原来是奶奶！我急忙一骨碌从床上滑下来，奔出去，看见爷爷正拿着一把锄头追赶着一只小猪。

或许是爷爷老了，追不上小猪了，我自告奋勇说去帮忙。不等自己的话音落下，我便朝着小猪逃走的方向射出去了。远远地，我看见小猪在村东头的一片菜地旁。它此时正悠闲地散步，并不知道一个巨大的危险正朝着它袭来。等到小猪发现我时，我还没找到理想的位置，于是一场"偷袭战"变成了"攻坚战"，我和猪展开了一场人猪马拉松。

开始，我和猪跑得不分上下，我甚至还把距离缩短了一些。但很快我的体力慢慢跟不上了，距离又被拉长，但我又不想让别人看笑话，说我跑得还没有猪快。我单挑以失败告终。于是，我又想找人来帮忙。刚好我的好伙伴小明和小刚在附近篮球场打篮球，我就跑去把他们喊来了。这下，由单挑改成了群殴。

虽然几个人去追一头猪，对猪来说十分不公，但眼下只有这种方法了！我准备改变我的方法，不能去和猪硬拼，而应该运用智慧。

我建议我们三个人组成一个包围圈，开着一个口子，是最大的陷阱——猪圈，猪看到前方有人朝它走来，就想往左跑，左边也有人就想往右跑，右边也有人，他就开始想往后跑，庆幸后面并没有人，于是它就这样回到了它最熟悉的猪圈里去了。

这件事告诉我们一个道理：有些事并不是一个人能够完成的，有些时候需要多个人一起努力才能做好一件事。

148

这天，我回家晚了

姜林鹏

那天，我回家晚了。

那个白日里，阳光有点儿毒。我的脸被晒得红彤彤的，只为和一位好朋友一起回家。

路上，我和这位朋友有说有笑，一点儿也不寂寞。到他家之后，他让我再陪他聊天。"反正我也没事，再玩会儿吧。"我心里想。

晚霞的最后一缕阳光照进了他的家，斜射到我的脸上。

"我先回家了。"我焦急地说道。

"好吧，记得常来玩。"他淡淡地说。

我点了点头，背上书包。

随着夜幕的降临，天上的星星也探出头来，照映着我回家的路。

到家后，爸爸担心的目光投向我，我愣在原地。

"今天怎么回来得这么晚？"爸爸严厉地问。

"与我的朋友玩。"我怯怯地回答。

"以后不要乱玩，万一你迷路了，爸爸到哪里去找你啊！"

"我知道了。"

"你今天为什么要和他玩，平常你都不会这样的？"爸爸又问。

"因为他家里没有大人，就他一个人。我陪他玩，只是为了让他少一点儿孤独和寂寞，多一点儿开心和快乐，这样他的心才不会失落。"说着，泪水不由自主地流下来。

爸爸露出慈祥的微笑，轻轻地抚摸着我的头说："儿子，做得好。爸爸为你骄傲！"正说着，奶奶端来了热气腾腾的饭菜。

149

这次，我回家晚了，虽然被爸爸批评了几句，但心里还是甜甜的，因为我可以让朋友更快乐。

错　　过

陈如水

那是一个星期五，放学铃声一响，同学们便一齐拥出校门，叽叽喳喳地与父母、同学们谈论着在校园中度过的欢乐时光。

　　我跟姐姐约好在一座凉亭里碰面，她下班了接我回家。时间一分一秒地过去，但是姐姐依然没有来，我只好把作业拿出来写。

　　不一会儿，作业也完成了。也许是姐姐有事情，要晚点儿来吧，我在心里默默地安慰自己。我边想边拿出向同学借的动物小说来看。

　　忽然，我瞟见就在我不远处，语文老师正在等公交车，看起来已经等了有一会儿，我吓得赶紧躲到凉亭后面，生怕被老师发现。

　　过了许久，估摸着老师已经走了，我才开始慢慢地探出头来。我可算松了口气。于是，又钻进凉亭里面，继续美滋滋地看起书来。

　　不知不觉中，太阳打了哈欠，慢慢落下去了。当我在全然不觉中看完整本书时，已经是黄昏了。

　　难道刚才姐姐没看见我，已经走了？

　　想到这里，我连忙收拾好书包，踏上了回家的小路。一边小跑，一边暗暗在心里自责，这么晚才回家，肯定又要挨骂了……

　　回到家时，天色已经漆黑一片了。当我走到门口时，心里早已七上八下的了，满脑子都是妈妈对我的责骂。

　　果不其然，一进家门，妈妈就骂："水水呀，怎么这么晚才回来？你知不知道，你姐姐回来时没看见你，还以为你走丢了。你哥哥还去你同学家找你。你看，到现在都没回来……"

　　妈妈正说着，满头大汗的哥哥终于回来了。姐姐走了过来："真是的，这么晚回家，下次绝对不可以了啊，记住了没？""记住了。"我自责地低下了头。

　　有了这次经历，我再也不敢这么晚回家了。而且，这次经历也让我懂得了，不管怎样，都不能让家人担心。

打麻糍的学问

姜洋颖

今年的十一长假，正逢中秋佳节。

中秋节是团圆节，这一天，村里热闹极了，老老少少都回家过节了。我们家乡有中秋节打麻糍的习俗。这天早上，大家都早早地起床了，老人们把糯米放到饭甑里，蒸上几个小时。在糯米还没完全蒸熟的这段时间，人们就把芝麻放到大锅里炒，炒过的芝麻倍儿香。待这些都完成后，就拉着三轮车到邻居家借石臼来打麻糍。远远的几十米外，就听到砰砰砰的响声。走近时，只见一大波的人围在那里看。一位较年轻的爷爷，抡着木杵狠狠地敲打着石臼里的糯米，在木杵抬起的间歇，一位蹲在石臼边上的大叔，快速地把石臼边缘的糯米翻到中间来，让打麻糍的人能够把麻糍打得更均匀细糯。因为刚蒸出来的糯米很烫，所以翻的人会偶尔先把手放水里浸一浸，再去翻。

轮到我们家了，爷爷抱着个大饭甑，因为我们家人多，所以准备打十五六斤麻糍。石臼太小，才倒了一半多一点儿，就已经满上来了。这时，邻居家的大爷挥起木杵，往石臼里砰的一声打了下去，大伯则在旁边翻米，但他太怕烫了，最后水用得太多了，导致糯米很没有嚼劲儿。当然最主要的原因还在于石臼太小了，里面的糯米放太多了，不怎么好打。吸取了上次的教训，第二次打就放少了。慢慢地一点一点的，尽量地把糯米打细，打糯。

因为大伯的技术不好，因此换了一个翻糯米的人。这次的糯米也放得比较少，两个人又配合得好，不过几分钟，糯米就打完了。爷爷便抱着那个大饭甑回家了。

接下来的工序就是把整团的糯米捏成一个一个的小球，放在芝麻糖里面滚一下。刚开始爷爷捏的小球太大了，导致大家不能够一口吃下去，一个麻糍要分两口吃。大人都这样，更别提我们这些小孩儿了。后来大家提出了这个问题，爷爷就稍微捏得小一点儿，这样我们就可以一口一个地吃麻糍了。

打麻糍，看着挺容易，但其实这里面也有许多学问。打的过程当中，糯米一次不能放太多，放太多了会不好打，打出来的糯米就会不够细腻，口感不好。也不能放太多水，这样打好的麻糍会太糯，没有嚼劲儿。打的时候力气也要用得刚刚好，不能太过用力，也不能力气太小。捏麻糍的时候，也不能捏得太大，要捏得不大不小。

做任何事情，我们都要把握好一个度，要懂得舍与取之间的关联，要恰到好处地处理好舍与取之间的关系，这样才能够把一件事情做得更好。

包清明果

郑苗苗

在我的家乡，每当清明节，家家户户都要包好吃的清明果。清明果很好吃，但做清明果可不是件容易的事。

要包清明果了，奶奶拿出事先洗好的糯米，还有事先在清水里煮过的艾叶，吩咐爸爸把这两样东西拿去加工厂加工一下。不一会儿，爸爸就拿着两团青色的团子，从加工厂回来了。刚拿回来的团子很烫，可奶奶说："我们得赶紧趁热包，否则凉了黏性就没有了，就不好包了。"于是我们全家出动了。奶奶捏出了几个小团子，拿着其中的一个对我说："你看像这样把它捏成碗状，再把菜放进去。"奶奶的手指麻利地在小青团周围转动着，一个碗就被填满了。我学着做，拿着小团子塞了一大勺菜放进去，试着把口捏紧，可怎么也捏不紧，奶奶走过来，指着里面的菜对我说，菜太多了。说着帮我把菜倒出一些，一个清明果就诞生了。于是，我的兴趣被激发起来了，我又拿起了一个小青团，捏成碗状，可是这次却没能捏好，两边被捏薄了，皮显得很大。我心里想：那么大张的皮一定得多放点儿菜。于是我舀了一大勺菜放进去。之后我把两边一合，由于用力过猛，菜馅儿把皮给撑破了，里面的菜一点点掉在外面。眼看这个清明团就报废了，可是奶奶说她有办法。只见奶奶拿出一小团面团，把它补在露馅儿的地方，然后用手捏紧，就这么补救回来了。

我看桌子上的小青团快包完了，就去帮爸爸揉小青团，看到一个个小青团顺利地从爸爸手中搓出来，我就拿起另一块大面团揉了起来。刚出锅的青团可真烫，而且还很黏，我搓了一会儿，发现手上全粘上了青团。可是看看爸爸的手却是干干净净的，一旁帮忙的爷爷看见了，笑着说："傻孩子啊，你爸手上涂过油，当然不会粘了。"我恍然大悟，原来如此，爸爸手上涂过油。于是我也在自己的手上涂了油，然后再揉起了青团，一个个小青团从我的手上诞生了。

最后，在我们一家人的共同努力下，终于包好了。

看来，小事虽小，但是想要把它做好可不简单呢。

153

捉　迷　藏

吴婧琳

　　童年往事中，我最难以忘怀的便是和小朋友们一起玩捉迷藏。

　　我的家在农村，每当秋收过后，大片大片金黄的稻田都"秃"了，人们把稻草捆扎成一束束，然后它们堆成一个个草垛，这些草垛好似草原上牧民居住的蒙古包，只是个头小了点。

　　我和小伙伴们起初在田埂上悠闲地散步，其中一个小伙伴被眼前广阔的稻田吸引，就提议在这稻田里玩捉迷藏，躲藏范围只局限于本区域内的稻田。孩子终究是孩子，对于玩耍，有着很高的热情，大家爽快地答应了。

　　"好，现在大家开始准备躲，我数完十个数，就要来抓你们啦。"那个提议的孩子说。

　　大家马上分散开来。有的躲在草垛后面，有的躲在扎堆的稻草后，而我则是钻进了草垛中，这样不容易被发现。我真是太聪明了！我不由自主地骄傲起来。就这样，我躲在草垛中，静静地等待着，可等了很久，一直不见小伙伴过来找我。

　　时间一分一秒地过去，这时我的肚子开始不争气地抗议了。我知道已经到饭点了，该吃饭了，便从草垛中爬出来。看看周围竟然空无一人！许是小伙伴们都回家了，把我忘记了吧。于是我整了整衣裳，往家的方向走去。在经过一个小伙伴的家门口时，只见他已经端着饭碗在吃饭了。他见我走来，便疑惑地问："你躲哪里去了？其他人都被找到了，唯独你不见踪影，大家都以为你回家了呢。"我尴尬地笑笑说："我一直躲在草垛里面呢。"他听到"草垛"两个字，高兴地大笑起来："哈哈，你真是太聪明了！藏得这么好，难怪我们都没有找着你！"

我回到了家中，奶奶看见我，笑着对我说："你这是野哪里去了？怎么这副模样？"我疑惑地照了照镜子，发现自己头上还有几根稻草的碎屑呢，衣服上也沾了几根，乱蓬蓬的头发，那模样确实很狼狈。看着镜中的自己，我也忍不住笑了起来。

如今，我们已不再是纯真的孩童，但是童年那些天真烂漫的往事，却是值得我们珍藏一辈子的回忆。

捉　　鸡

姜舒阳

童年往事其乐无穷，其中让我印象最深刻的便是捉鸡。

那天早晨，奶奶说要杀鸡给我吃，我听了一蹦三尺高，立即跑到鸡窝里面去捉鸡。

我打开鸡笼，看见笼子里有很多鸡，便兴奋得不能自已。当我正犹豫要捉哪一只时，笼子里的鸡都跑了出来，在院子里上蹿下跳。这时我看中了一只又肥又大的母鸡，心想这只母鸡的肉一定很鲜美。

于是我便朝着目标一直"追击"，它跑得快一点儿，我便追得快一点儿，它放慢了脚步，我也紧紧地跟在后面。我追得有些累了，苦苦思索着该怎么才能抓住它。过了一会儿，我想出了一个好办法，当它在安静地吃东西时，我就从后面抓住它，给它来个措手不及。可是这只鸡好像后面有眼睛似的，当我扑过去时，它竟然往边上溜走了，我一声惨叫，摔得满嘴泥巴，我在地上哭了起来，边哭还在地上边打滚儿。

这时，屋里的奶奶听到了我的哭声，连忙从里屋跑了出来，快速地将我扶起，满脸担心地问："这是怎么了？怎么哭得这么伤心，还摔倒了？"我哭着将事情的经过告诉了奶奶，奶奶听了，有些哭笑不得。奶奶起身，把鸡赶进鸡笼，然后伸手一抓，便抓到了一只大母鸡。奶奶稳稳地抓着那只母鸡，得意地望着我，而鸡呢，在奶奶手中动弹不得，只发出几声微弱的喔喔声。

"奶奶，你太厉害了，你是怎么做到的？"我惊奇地问。"傻孩子，做事情是要讲究方法的，捉鸡是不能满场子追着它跑的，鸡是活物，像你这样追着鸡跑，非但不能捉到鸡，还把自己累坏了。我们把鸡关进鸡笼，瞄准哪只，再来个瓮中捉鳖就很容易了。"奶奶解释道。奶奶这么一说，我恍然大悟，这时，我对奶奶的敬佩之情油然而生，我不能做到的事情，奶奶却能够轻而易举地做到。

这就是我的捉鸡故事，今日忆起它来，还感觉到嘴角有扬起的微笑。我之所以没能成功，是因为年纪小，缺乏来自现实生活的实践经验，而奶奶，在长久的生活实践中积累了丰富的经验。因此我在想，每一位长辈都是一本宝贵的、值得一读再读的书。生活中，我们要听取他们的教诲，尊重他们，爱戴他们。同时，我们遇事要多观察、多思考、多请教、多学习，这样才能不断进步。

再见了，小王子

——读《小王子》有感

占钰雯

"再见了！"小王子说道。

"再见。"狐狸说。"喏，这就是我的秘密。很简单，只有用心才能看清，实质性的东西，用眼是看不见的，人们已经忘记了这个道理，可是你不应该忘记他，你现在要对驯服过的一切负责到底。"

这次小王子是真的离开了，小王子学会了狐狸教他的一切，可狐狸却仍是失去了，失去了小王子，失去了他所爱的。

他叫小王子，他有着一个美丽而又梦幻的名字，没有白马，没有刀剑，只有属于他的小小的王冠。也许他是那么与众不同，但与众多王子一样的是，它有颗善良的心，在属于他的B612星球上，他有属于他的玫瑰，他那独一无二的玫瑰。

后来他离开了玫瑰，去了很多很多的地方，见了很多很多的人，他明白了什么是虚荣，什么是高傲，什么是不近人情，什么是风餐露宿。再后来他来到了地球，那个险恶的星球，他在那里遇到了狐狸，狐狸了解小王子的心意，小王子驯服了狐狸，又离开了狐狸。小王子明白，他爱玫瑰，但却无从说出口，小王子执意回到属于他的星球，

157

寻找他的玫瑰。狐狸明白一切，却仍旧一直苦苦等待，等待着那个驯服他的人。他需要爱，正如小王子需要玫瑰一般。

也许人生有太多太多的不如意，更会有百转千回的痴迷。也许我们也曾是狐狸，明白世间一切的一切需要用心去看待；也许我们也曾是玫瑰，虽爱慕虚荣，却仍清楚自己心中等的那个人究竟是谁。

也许玫瑰曾经后悔，后悔自己的高傲，后悔自己的虚荣，后悔因为这一切，导致小王子离开了。但他唯一没后悔的便是他爱小王子，她曾经给了小王子属于她的爱。也许狐狸没后悔，她不后悔让小王子驯服，没后悔让小王子知道爱；但她后悔的是没有一直待在她爱的人身边……

人可能生来就如一棵树，生根、成长、凋零，谁也没想过与你一直相依相守的那片叶子，终究会离你而去，然而最后的最后，树也会永远铭记与叶相依相守的美好时刻。狐狸也是如此，她明白小王子是驯养她的人，是她一直等的那个人，正因为如此，她一直都明白，也一直都懂得她从未放弃过等待，她一直相信爱。

158

感谢你，桑迪亚哥

姜 源

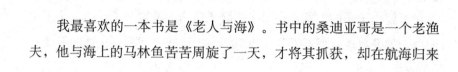

我最喜欢的一本书是《老人与海》。书中的桑迪亚哥是一个老渔夫，他与海上的马林鱼苦苦周旋了一天，才将其抓获，却在航海归来

时，遇到一群大鲨鱼，与鲨鱼殊死搏斗，最后带回了一副巨大的鱼骨架。

老渔夫很老了，干枯的皮肤，布满老人斑的身体。但他的那双眼睛犹如湛蓝的大海、深邃的苍穹，总是那么精神。他的人生观是这样的：人生来不是为了被打败，人可以毁灭，但不能被打败。是的，人的身体有可能因为疾病、因为衰老而消亡，但是人的意志和精神却永不会磨灭。

他永不言败！这正是他的伟大之处。

从这本书中我领略到了生命的意义。人的一生极其短暂。我们要敢于去拼搏，去实现自己人生的意义。面对挫折和失败，我们不垂头丧气，不中途放弃，要寻找自身的不足，提升自我，努力进取，最终获得成功。

生命是如此美好，因此，我们每个人，无论身体状况如何，无论年轻还是衰老，都应该拥有一颗强大、坚定的内心，用我们的热情去热爱生活，热爱生命，挑战自我。

也许成功很难获得，也许我们自身还有不足，也许还要经受许久的风吹日晒，但这些都浇不灭我内心的执着。是的，我有自己的梦想，又岂能甘愿臣服？又岂会在失败中堕落？我不在意成功还是失败，更不在意别人的眼光，因为我享受拼搏的过程，无论怎样，我都会以平常心去接受一切，做到胜不骄，败不馁。

外面的世界多姿多彩。阳光细细地描绘出小路旁一棵棵大树的轮廓，它们在一片片嫩叶间流连穿梭，调皮嬉戏。我的心中充满了对未来生活的向往。我再一次望向那小路，阳光暖暖地洒落一地，地面被阳光染上了金色，显得庄严而肃穆。

桑迪亚哥，感谢你一路陪伴，让我坚定心中的理想，勇于拼搏，挑战自我，永不言败。

坦然面对困难

戴思琦

书桌的一角放着一本纸张已泛黄的书，残缺的外壳上隐约写着"海蒂"两个字。是的，这本书名叫作《海蒂》，她是一个可爱的瑞士女孩儿，她的人生遭遇了多次转变。在她四岁时，姑妈将她送到了她未曾谋面的爷爷家，海蒂的爷爷是梅思菲尔小镇中脾气最坏的人。

或许孩子的眼光是最单纯的，小海蒂竟然改变了爷爷的性格和生活，他对海蒂宠爱有加。海蒂还认识了一个牧羊少年彼特，他是一个穷苦人家的孩子，多次逃学并且还和海蒂说了许多关于学校的事，还在成长中的海蒂第一次有了学习的愿望。可是一切都那么措手不及，姑妈的突然到来打碎了这美好的生活。狠心的姑妈从爷爷身边带走了海蒂，将她带去了法兰克福的一户富人家中。富人家残疾的女儿克莱拉成了海蒂唯一的朋友。海蒂将回家的愿望藏在了内心深处，可是思乡的情绪像大浪般涌来，心被这情绪的大浪包裹。思乡成疾的她终是接受了治疗，医生看出了她的情绪，于是建议她回家。

后来的后来，海蒂与爷爷用自己的善良与热情，让双膝失去希望的克莱拉不再依靠轮椅。海蒂是书中真、善、美的化身，也是传播善良的使者。

在我十二年的岁月里，我也曾在路上迷失过自己，每每在失意时，我总会抬头看看那片天空，任由那夺眶而出的泪水流淌。曾经伴随了我八年的男孩儿不见了，他居然没有告诉我一声就离开了我的世界。年仅十二岁的我，在面临挚友的离去时我竟无能为力。我与他是挚友，是邻居，更是彼此儿时的美好回忆，从小到大我最喜欢的人就是他和我的姐姐，他们去哪儿，我就会跟着去哪儿，就像一条小尾巴。

离别的前一天，是我的生日，作为大哥哥的他送给了我相中许久的尤克里里，还天真的我，不明白那只是暴风雨的前兆。第二天醒来，桌子上放着一封信，是作为哥哥的他留下的。他告诉我，他要离开了，去一个陌生的城市，为了他的梦想而出去闯荡，他希望将来我可以去找他。我还没来得及整理好思绪，便听到了汽车发动机发出的声音，我急忙跑了出去，车子绝尘而去，留下了我一个人呆呆地站在了原地，夺眶而出的泪似决堤的洪水。曾经让我以为永远都不会离开我的哥哥就像是流星一般的在我的世界里消失了，并且很可能再也找不回来了。

《海蒂》就是他送给我的，或许他早就知道会有今天。在他走后我将《海蒂》看了许多次，终于明白了世界上没有不散的筵席，每一次的分离都是为了下一次重逢，既然已经分离那就好好生活吧，为了再一次的美好重逢。《海蒂》让我在这一刻明白了许多。

原来，分离是一种困难，更是一种锻炼，现在我已坦然。

161

《秋天的怀念》读后感

姜凯峰

看了史铁生的《秋天的怀念》，我感慨很多，也明白了许多。

儿子的双腿瘫痪后，母亲一直照顾他。儿子因自己的双腿瘫痪而不想活，母亲却瞒着自己的病情一直在儿子身边，鼓励他好好地活下去。她把所有心思都放在了儿子的身上。

世界上最疼爱你的人永远是那个默默为你付出的母亲。也许她为我们付出的我们还完全不知道。母亲将自己的辛苦埋藏在自己的心中，不说出来。这是为了谁？不就是为了自己的孩子吗？文中的母亲看到自己的儿子因双腿瘫痪了而感到失落，所以多次提议带她去看花，可儿子却次次拒绝了母亲。

又一次，母亲提议带儿子去看花，儿子答应了，可母亲却走了，永远地走了。

就连母亲离去前的最后一句话，也是关于自己儿子和女儿的。

那个秋天，儿子后悔莫及，要是他能早些知道母亲的病有多严重，他肯定会好好活。母亲患着重病，还一直鼓励儿子好好活下去。儿子却没有了解母亲。我的眼里不免有了些泪光，我同情史铁生的双腿瘫痪，又敬佩史铁生母亲的伟大。我们沐浴在亲情之中，我们是否只知道接受，不会感动，也不懂回报呢？所以我们应该从现在便懂得孝敬父母，不然等真正后悔后，那便是真的迟了。

成长的蜕变

姜园园

看！同学们在操场上奔跑着，跑道上留下了他们矫健的身影，洒下了他们的汗水，我也是其中的一员。

太阳似乎也很激动，高兴地挥动自己手中的火把。如今我以蜗牛般的速度跑着第三圈，没有了跑第一圈时的精神抖擞，像是娇弱的花朵瞬间枯萎，原本温和可爱的阳光也变得那般"火辣辣"。

我气喘吁吁，感到全身炽热，像浴火的凤凰，脑袋滚烫滚烫的，好似里面装了一个金红的火球。对于我来说，一切都是那么热，我像是泡在滚烫的开水里，即使挣扎也无济于事，神志已经迷糊，感觉世界万物都在旋转。我多么希望有一股凉爽的清风迎面扑来，吹走恼人的炽热，我的脚步慢慢停下。

"园园，你快跑啊！"是谁，发出那么有力的声音？我转头一看，原来是我的同学，她们正默默地在跑道边陪着我跑。她们那满怀期待和鼓励的眼神，像天上的云朵默默地替我挡住阳光的炎热。我微微一笑，使出浑身力气去奔跑，去拼搏……

最后一圈了，可对我来说，却是最煎熬的过程。每一个脚步都抽走我全身的力气。我就像一个抽气筒，力气只出不进，我的腿在叫嚣："我快不行了！要散架了，我快要支持不住了！"喉咙发出微

163

秘密说给树听

弱的声音："我……我……感觉自己火辣辣的……似乎在……冒烟……好想喝……水……"我的每个器官都在抱怨，火球好似也在燃烧我的身体，我无力、迷糊。"不行，再怎么说，我也要跑下去。"一个坚定的声音在耳边响起，终于，在同学的鼓励下，我投向了终点的怀抱……

每个人的成长都要经历蜕变。在这次比赛中，我懂得了坚定、坚持，我就像丑陋的毛毛虫，一点点地展现自己的光芒……

做　　菜

吴婧琳

六七岁时，我连桌子、灶台都碰不到，却喜欢看奶奶做菜。妈妈呢？就是烧火啦！

不知为什么，我对做菜产生兴趣，可幼小的我根本没有机会去学习做菜——奶奶和妈妈为了我的安全。"唉！人生中最大的痛苦就是想做自己喜欢的事情可就是不能做。命运真悲惨啊！"我喃喃自语道。

就在此时，我的脑海里闪过一个奇特想法：不让我真做菜，我就过家家——用泥土来照样画葫芦，做一顿"泥土大餐"。我将这个想法告诉朋友，朋友一口答应。

我们一起找"食材"。看到漂亮的花就把它摘下来，就算舍不得，也只能让花儿牺牲一下了。再收集各式各样的树叶，最后采集花粉当调料。食材都准备齐全了，接下来就开始动手吧。

把水倒入泥土里，相当于现实中把油倒入锅里；再将各种各样的树叶放入泥土里，来回搅拌，等于实际中将菜来回翻炒；最后把花粉一点点倒入泥土中，就像将调料放入菜中。最后出锅，装盘。虽然这菜色泽看上去不怎么样，但最起码我尝试过了。做菜的确有趣，可惜的是这并不是一顿名副其实的大餐。我知道了做菜的技巧和过程，相信经过以后不断地做菜，或许会成为一名厨师。

渐渐地，我长大了，已经比灶台高了。为了感谢妈妈和奶奶，在她们不在家的情况下，有一天中午我做了一桌的菜等着她们回家吃。妈妈很感动，吃了第一口就泪眼汪汪。我不解地问她："妈妈，你为什么要哭呀？"妈妈啜泣地回答："因为我家琳琳长大了，知道孝顺妈妈和奶奶了，懂事了，妈妈很欣慰！"奶奶则是眼眶红红的。

成长的步伐一点一点地加快，从无知到感恩，从叛逆到孝顺。虫儿蜕变成漂亮的蝴蝶，树苗蜕变成参天大树，无知的小女孩儿蜕变成懂事的大姑娘。这就是成长蜕变的奇迹。

165

学 会 宽 容

姜笑婷

说来也惭愧，还是妹妹教会了我宽容。

每天放学回家，我就和妹妹一起做作业，但她的作业比较少，所以她每次在做完作业后就吵闹个不停，就像午后炎炎烈热下的知了在不停地鸣叫，真是烦不胜烦。

终于，有一天，我控制不住了，积累在我心中的火山爆发出来了，我大声对她吼："你能不能安静一点儿，我都不能做作业了，要吵到外面吵去。"我生气地瞪着她，把笔一丢，她先是一愣，似乎也明白了我的意思。

"姐姐，对……对不起。"她喃喃地说，手也不停地搓着，像一个吃不到糖的小孩儿。

"你以为一句对不起就可以了吗？要不是你每天打扰我做作业，影响我学习，我这次考试会退步吗？都怪你！"我生气地说着，脸也微微泛红，似乎我这次考试考得不好都是她的错，是她影响了我。

妹妹抽泣着跑了出去，房间一瞬间变得安静，似乎让我很不习惯了，而我也总觉得少了些什么，心里空落落的。明明没有那么吵了，明明我可以安安静静地做作业了，可为什么总觉得静不下心呢？为什么总觉得不舒服呢？我在做作业的时候，因为钢笔老不出水，我便用力甩着钢笔，一不小心，甩到了妈妈刚刚给我买的新书包上面，我吓了一跳。连忙关上门，然后在房间里踱来踱去，急得我像热锅上的蚂蚁，心想：完了，完了！这是新买的书包，要是妈妈问起来，我就要挨骂了。

这时，妹妹和妈妈推门进来，妈妈突然看到我的书包上面沾了黑黑的东西，凑近一看是墨水，脸上顿时变得严肃起来，生气地说："刚刚买的书包，就变成这样了？"

妹妹看着妈妈，嘴里嘟囔道："妈妈，你不要怪姐姐，姐姐的书包是我弄脏的。"

我惊讶地看着她，她对我做了一个鬼脸，我露出一个比鬼脸还难看的笑容，心里顿时感到有一块石头压在胸口喘不过气来，鼻子里一阵发酸，总觉得对不起妹妹。妹妹不因我对她发脾气而怨恨我，而我却没有给妹妹好脸色，是她让我学会了宽容别人。从此我的世界里多了一分宽容，能宽容别人的无意之过，同时也能调节自己的情绪。在以后的生活里，我更不会因一点儿小事而去责备他人。